よくわかる曹洞宗

重要経典付き

瓜生 中

角川文庫
19887

目次

第二章　道元《どうげん》の生涯と教え

第五章　曹洞宗《そうとうしゅう》のお経

付録

曹洞宗《そうとうしゅう》の年中行事と法要《ほうよう》

はじめに

禅宗《ぜんしゅう》はインドの達磨《だるま》大師が六世紀に中国にやって来て伝えたことにはじまる。達磨《だるま》は謎に満ちた人物で、先の話がどの程度史実に沿ったものかははっきりしない。しかし、西の方から禅が伝えられ、六世紀か七世紀には中国で広まったものと思われる。

その後、中国ではさまざまな禅の流派が生まれ、鎌倉時代に日本に伝来した。最初に伝えられたのは栄西《えいさい》の臨済宗《りんざいしゅう》。次に栄西《えいさい》の弟子の道元《どうげん》が曹洞宗《そうとうしゅう》を伝えた。そして、江戸時代には隠元隆琦《いんげんりゅうき》が来日して黄檗宗《おうばくしゅう》を伝えた。

栄西《えいさい》や道元《どうげん》の時代、まだ京都では天台宗《てんだいしゅう》や真言宗《しんごんしゅう》、旧来の奈良仏教の勢力が強く、新参の禅の布教にはさまざまな障害があった。とくに比叡山《ひえいざん》の僧兵たちによる攻撃を受け、ついに道元《どうげん》は京都を後にして越前《えちぜん》に拠点を移すことになった。永平寺《えいへいじ》に拠点を構えた道元《どうげん》は他宗の妨害を受けることもなくなり、道元《どうげん》が宋に留学して天童山如浄《てんどうさんにょじょう》から伝えられた仏祖正伝の布教に専念することができるようになったのである。ここに日本曹洞宗《そうとうしゅう》はすっかり定着し、発展の基礎を固めることができた。その後、道元《どうげん》より二歳年上の高弟、孤雲懐奘《こうんえじょう》が永平寺《えいへいじ》第二世となり、弟子の養成に努めた。

しかし、第三世徹通義介《てっつうぎかい》は開かれた禅を目指して道元《どうげん》の教えとは一線を画し、民間信仰や密教を取り入れることを主張した。その結果、道元《どうげん》の教えを忠実に守ろうとする保守派との間に溝ができ、義介《ぎかい》は加賀《かが》（石川県南部）の大乗寺《だいじょうじ》を拠点に弟子の養成に努めた。そして、第四世になるはずだった瑩山紹瑾《けいざんじょうきん》が能登《のと》に總持寺《そうじじ》を創建して義介《ぎかい》の教えの普及に努めた。ここに曹洞宗《そうとうしゅう》は永平寺《えいへいじ》と總持寺《そうじじ》の二つの流派に分かれることになったのである。

その後、両派は対立を深め、しばしば闘争を繰り返したが、江戸時代のはじめに徳《とく》川家康《がわいえやす》の調停により、永平寺《えいへいじ》と總持寺《そうじじ》は同格の大本山となった。いまもこの制度は続いており、曹洞宗貫首《そうとうしゅうかんしゅ》（曹洞宗《そうとうしゅう》のトップ）は両寺の住職が交代で務めることになっている。現在、全国の曹洞宗《そうとうしゅう》の寺院数は約一万六千カ寺。浄土真宗《じょうどしんしゅう》に次ぐ勢力を誇っている。

小著では曹洞宗《そうとうしゅう》の歴史、道元《どうげん》や瑩山紹瑾《けいざんじょうきん》、その他の高僧の生涯と教え、曹洞宗《そうとうしゅう》で読まれる経典、主要な寺院の紹介、年中行事と法要などについて分かり易く解説した。小著によって曹洞宗《そうとうしゅう》の全貌をご理解いただければ幸いである。

二〇一六年　初夏

瓜生　中

道元禅師「観月の像」（薦福山　宝慶寺蔵）

第一章　禅《ぜん》と曹洞宗《そうとうしゅう》の基礎知識

◆仏教以前からの修行方法だったヨーガ

今から約四千年前に栄えたインダス文明のモヘンジョダーローの遺跡から「瞑想《めいそう》する祭官」と呼ばれるテラコッタ（石膏《せっこう》を焼成したもの）が出土した。髭《ひげ》を長く蓄えた像は目を閉じて、静かに瞑想《めいそう》しているかのようだ。

また、インドでは古くからヨーガが盛んに行われてきた。「ヨーガの行者」といわれるように、かなり厳しい姿勢を取ったりして、アクロバティックな体操のようなイメージがある。しかし、そういった動きをするのは、ハタ・ヨーガと呼ばれるものだ。ヨーガは最近では世界中でブームになっていて、一種のエステと同じように見られている。

しかし、本来のヨーガは瞑想《めいそう》を深めることに主眼を置く。もともと、ヨーガというサンスクリット語は「頸木《くびき》」という意味である。頸木《くびき》とは馬車や牛車を牛馬に繋《つな》ぐ馬具のことである。御者《ぎょしゃ》はこの頸木《くびき》を介して牛馬を制御し、馬車や牛車を順調に進ませる。

つまり、インドでは古くから牛馬をどこに向かうか分からない人間の心に、御者を理性にたとえて、うまく頸木《くびき》を介して精神を統一することをヨーガと呼んだのだ。

四千年前にアーリア人が西から侵入してきてインダス文明を滅ぼす。そして、アーリア人は土着の信仰や思想も取り入れながら、さまざまな哲学や宗教を生み出していった。その中心に据えられたのがヨーガで、彼らは瞑想《めいそう》することによって心理を究明し、安心立命を獲得しようとしたのである。

いまから約二千五百年前に釈迦《しゃか》が創始した仏教も、そうした多くの思想の中に登場した一宗教だった。そして、釈迦《しゃか》も他の哲学、宗教の顰《ひそみ》に倣《なら》い、ヨーガを取り入れ、三十五歳のときに菩提樹《ぼだいじゅ》の下で坐禅《ざぜん》を組み、遂《つい》に偉大な悟りを開いたのである。

◆苦行《くぎょう》を捨て坐禅《ざぜん》に望みを託した釈迦《しゃか》

インドのカピラヴァストゥという王国の王子として生まれた釈迦《しゃか》は、二十九歳のときに出家し、六年間、死に至るほどの壮絶な苦行《くぎょう》をした。しかし、死に至るほどの厳しい苦行《くぎょう》をしても悟りの境地に至らないことをさとった釈迦《しゃか》は、苦行《くぎょう》をあっさりと捨てしまう。

苦行《くぎょう》林を出た釈迦《しゃか》は近くのナイランジャー河に赴《おもむ》き、苦行《くぎょう》で汚れた身体を水で清めた。このとき、スジャータという村娘が釈迦《しゃか》に乳粥《ちちがゆ》を作って献じた。それを食べて体力を回復した釈迦《しゃか》は、近くの菩提樹《ぼだいじゅ》の下に草を敷いて座り、静かに瞑想《めいそう》に入った。つまり、坐禅《ざぜん》を組んだのだ。瞑想《めいそう》は深まり、数日後の暁近く遂に偉大な悟りを開くことができた。

王子時代の釈迦《しゃか》は何不自由のない生活を送り、毎日、若い女性を侍《はべ》らせて宴《うたげ》を行っていたという。生来、聡明《そうめい》で思慮深い釈迦《しゃか》を父王は当時、一般的に行われていた出家の一団に身を投じるのではないかと危惧《きぐ》していた。そこで、できるだけ苦しみを感じない享楽に満ちた生活をさせていたのだ。

しかし、釈迦《しゃか》はそういう生活をすればするほど、享楽に満ちた生活の中には本当の安心立命は見出《みいだ》せないと考えた。そこで、出家を英断し、今までの生活とは全く違った苦行《くぎょう》に身を投じたのだ。

しかし前述したように、どんなに苦行《くぎょう》をしても悟りに至ることはできなかったため、釈迦《しゃか》は苦行《くぎょう》もあっさりと捨てた。

つまり、享楽に満ちた生活と苦行《くぎょう》という両極端を離れ、ニュートラルな状態に身を置いたのだ。これを中道といい、釈迦《しやか》が取った最もユニークな立場で、仏教の中心をなす思想でもある。

また、釈迦《しやか》は少年時代に父に伴われて豊穣《ほうじよう》を祈る農業祭に参加した。しかし、感性の鋭い釈迦《しやか》は過酷な労働に喘《あえ》ぐ農民の姿や耕した土の中から出てきた虫を鳥が飛んできて一呑《ひとの》みにする光景などを見て、世の無常《むじよう》を感じた。そして、一人席を離れて近くの樹下で坐禅《ざぜん》を組んだという。

このとき、瞑想《めいそう》が深まり、極めて高い境地に達したという。釈迦《しやか》が苦行《くぎよう》を捨てて坐《ざ》禅《ぜん》に最後の望みを託したのは、この少年時代の経験を思い出したからだといわれている。

いずれにしても、釈迦《しやか》を悟りの境地に導いた坐禅《ざぜん》は、すべての仏教宗派の必須《ひつす》の修行なのであって、禅宗《ぜんしゆう》だけの専売特許ではないのだ。

◆釈迦《しやか》の坐禅《ざぜん》にならった達磨大師《だるまだいし》

達磨《だるま》大師《だいし》は菩提達磨《ぼだいだるま》（サンスクリット語でボーディ・ダルマ）といい、五世紀から六世紀ごろにインドで生まれたといわれている。

早くから各地で修行を重ね、釈迦《しゃか》の聖跡を巡っていたが、釈迦《しゃか》が悟りを開いた地、ブッダガヤに来たとき、はたと閃《ひらめ》いたという。ブッダガヤには菩提樹《ぼだいじゅ》の大木があり、その下に石の台座がある。今もアジアを中心に各国から多くの仏教徒が訪れて釈迦《しゃか》の遺徳を偲《しの》んでいる。

達磨《だるま》の時代、インドでは仏教が盛んだったので、ブッダガヤもさぞかし賑《にぎ》わっていたと考えられる。達磨《だるま》は釈迦《しゃか》がここで坐禅《ざぜん》を組んで偉大な悟りの境地に達したのだということに改めて感銘を受けた。

そして、釈迦《しゃか》が両極端を離れて坐禅《ざぜん》のみによって悟りを開いたことを再確認し、自分もほかの修行は捨てて坐禅《ざぜん》だけで悟りの境地に至ろうと決意したという。

それから、達磨《だるま》はインド各地を巡って坐禅《ざぜん》を組み、その後、中国に渡って坐禅《ざぜん》の普及に努めた。嵩山少林寺《すうざんしょうりんじ》の岩窟《がんくつ》に九年間、岩壁に向かって坐禅《ざぜん》を続けたといい、その結果、手足が萎《な》えてしまったという。起き上がり小法師《こぼし》のような手足のない達磨《だるま》が作られるのはこのような伝説に基づいているのだ。

また、達磨《だるま》はインドから海路で中国に至り、南部の海南島《かいなんとう》の辺りから上陸したともいわれている。各地で坐禅《ざぜん》を普及した後、北部の梁《りょう》に至り、ここで武帝《ぶてい》と面会した。梁の武帝《ぶてい》は仏教を大いに保護したことで知られ、大勢の僧侶《そうりょ》を養成したり、大寺院を建立したり、多額の布施《ふせ》をしたりして仏教に多大な貢献を果たした。

武帝《ぶてい》自身もそのことを誇りとしており、自身に多大な功徳《くどく》があると考えていた。そして、達磨と面会した武帝《ぶてい》は、自分の功徳《くどく》がどれくらいのものか達磨《だるま》に問い質《ただ》したのである。このとき達磨《だるま》は即座に「無功徳《むくどく》」と言ったという。つまり、いくら金銭で布《ふ》施《せ》をしたり、物質的な施しをしても功徳《くどく》などない。功徳《くどく》はもっと精神的なものに対するものだと言ったのである。

◆入門が難しい禅宗《ぜんしゅう》

達磨《だるま》の禅を継承し、東天（中国）第二祖となったのが慧可《えか》（四八七〜五九三）という人物だ。彼は貧しい家の生まれだったが、若くして仏道に励み、薪売りをしながら厳しい修行をしたという。

中年になって嵩山少林寺《すうざんしょうりんじ》に達磨《だるま》を訪ね、入門を願い出た。しかし、入門の許しはなかなか出ない。夏の炎天下、凍《い》てつく冬の日、雨の日も風の日も立ち尽くして許しを待った。ある冬の雪の日には降りしきる雪に腰まで埋もれて待った。

それでも、許しは出なかったが、慧可《えか》も諦《あきら》めなかった。なんと慧可《えか》は、達磨《だるま》の前で左腕を切り落とし、弟子入りの覚悟を示したという。これにはさすがの達磨《だるま》も感銘を受け、遂に入門を許したという。慧可《えか》、四十歳、入門を願い出てから数年後のことだった。禅宗《ぜんしゅう》では古くからこの光景を題材にした「慧可断臂《えかだんぴ》の図」という絵画が描かれている。この凄《すさ》まじい光景を見て修行僧の士気を高めるための一種の啓蒙《けいもう》の具である。

このように、禅宗《ぜんしゅう》での弟子入りが極めて困難な背景には「以心伝心《いしんでんしん》」という命題の存在がある。禅の奥義は師から弟子に直接、伝えられるもので、師の心を弟子が直接体得するものである。また、禅では「不立文字《ふりゅうもんじ》」といい、その奥義は言葉を介しては伝えられないとされている。

だから、師弟の間に絶対的な信頼関係がないと、指導ができないのである。そこで、弟子が本当に入門を決意し、修行に専念する気持ちがあるかどうかが極めて重要になってくるのだ。今も、永平寺《えいへいじ》や總持寺《そうじじ》のような僧堂《そうどう》（修行僧が修行できる禅寺《ぜんでら》）には行堂《あんどう》などと呼ばれる施設がある。新参の弟子は先《ま》ずここで先輩の修行僧から入門の決意のほどを問い質され、一泊したのち、はじめて入門を許される。

◆禅宗《ぜんしゅう》は中国で成立した

禅はサンスクリット語で「ディヤーナ」といい、禅那《ぜんな》と音写（サンスクリット語の音を漢字の発音で写したもの）され、略して禅といわれる。迷いを断ち切り、感情を鎮め、心を明らかにして真理を悟ることを目的とした修行方法だ。前述したように、インドではすでに四千年も前から行われているヨーガを基礎としたものである。

このような禅が達磨《だるま》大師《だいし》によって中国に伝えられ、特異な発展を遂げた結果、中国では禅を中心に据えた宗派、禅宗《ぜんしゅう》が生まれた。達磨《だるま》の後、第二祖の慧可《えか》、第三祖の僧璨《そうさん》（?～六〇六?）を経て、第四祖の道信《どうしん》（五八〇～六五一）、第五祖の弘忍《こうにん》（六〇二～六七五）と伝えられた。

そして、弘忍の弟子に神秀《じんしゅう》（六〇六?～七〇六）と慧能《えのう》（六三八～七一三）が輩出し、禅宗《ぜんしゅう》は神秀《じんしゅう》の北宗禅《ほくそうぜん》と慧能《えのう》の南宗禅《なんそうぜん》とに分かれた。このころから、禅宗《ぜんしゅう》は一宗派として組織される。そして、文人や儒教《じゅきょう》や道教《どうきょう》の信徒の中にも禅を理解するものが現れ、仏教と儒教《じゅきょう》、道教《どうきょう》の融合が禅宗《ぜんしゅう》を介してなされた。

このことは中国の水墨画のテーマとして好まれる「三聖図」にも如実に見て取ることができる。釈迦《しゃか》と儒教《じゅきょう》の祖とされる孔子《こうし》、道教の祖とされる老子《ろうし》が仲良く肩を組んでにこやかに談笑するものだ。仏教が伝来したとき、儒教《じゅきょう》や道教《どうきょう》との間で激しい争いが生じたのだが、坐禅《ざぜん》を基盤とする禅はもともと中国人の民族性によくマッチしていたものと考えられる。

神秀《じんしゅう》と慧能《えのう》の系統からは極めて多くの弟子が出たが、慧能《えのう》の系統が後に主流を占め、第六祖として禅宗《ぜんしゅう》の正統を受け継ぐことになる。中でも中国で初めて、禅宗《ぜんしゅう》の専門寺院を創建したのが百丈懐海《ひゃくじょうえかい》（七四九〜八一四）だ。彼は百丈山《ひゃくじょうざん》という霊山に百丈寺《ひゃくじょうじ》を建立し、『百丈清規《ひゃくじょうしんぎ》』を定めた（67ページコラム参照）。

◆禅風《ぜんふう》によって多くの流派に分かれる

禅宗《ぜんしゅう》では「禅風《ぜんふう》」の高揚や継承という言葉がよく使われる。家風、校風、社風などといわれるように、個々の家庭や学校、会社の性質、いわばカラーを表現したもので、禅風《ぜんふう》はそれぞれの禅僧《ぜんそう》のカラー、あるいはその禅僧《ぜんそう》が築き上げた禅寺《ぜんでら》のカラーを表した言葉だ。

もともと以心伝心《いしんでんしん》を標榜《ひょうぼう》する禅宗《ぜんしゅう》は、師資相承《ししそうじょう》といわれるように師弟関係が極めて重要だ。師匠と弟子の間でいわゆる馬が合ったときにはじめて奥義を伝達できると考えるのである。必然的に、性格の合った師弟関係が重要視され、師の性格に似た弟子が教えを受け継ぐことになるのだ。このようにして、自《おの》ずから禅風《ぜんふう》が醸成され、禅《ぜん》宗《しゅう》は多くの流派に分かれていった。

今も学校や会社などで馬の合った関係を結ぶことができれば、良好な人間関係を築くことができる。たとえば、性格的に合う先生に出会えば成績が伸びることもある。その逆の場合は勉強が嫌になるケースもある。馬の合った上司に出会えば出世のチャンスが増幅するだろう。禅宗《ぜんしゅう》ではまさにそういった関係が成立していたのだ。

◆曹洞宗《そうとうしゅう》の名前の由来

先にも述べたように、六祖慧能《えのう》のときに南宗禅《なんそうぜん》が大成され、慧能《えのう》の弟子に良价《りょうかい》（八〇七〜八六九）が出た。彼は江西省《こうせいしょう》の霊山、洞山《とうざん》に普利院《ふりいん》を開いて禅の普及に努めた。良价《りょうかい》のもとには数百人の修行僧が参集して盛況を極めたという。良价《りょうかい》の弟子に本寂《ほんじゃく》があり、彼が師の正統を受け継いだ。そして、本寂《ほんじゃく》はもと慧能《えのう》が拠点としていた曹山《そうざん》に拠点を移し、大いに栄えた。

良价《りょうかい》が拠点とした洞山《とうざん》と、六祖慧能《えのう》が住み本寂《ほんじゃく》が拠点とした曹山《そうざん》の一字ずつをとって曹洞宗《そうとうしゅう》と名付けられた。以降、中国の禅宗《ぜんしゅう》は臨済宗《りんざいしゅう》と曹洞宗《そうとうしゅう》の二大法系に分かれ、両派が禅宗《ぜんしゅう》の主流になった。

わが国には鎌倉時代に道元《どうげん》が入宋《にっそう》して洞山《とうざん》十八世の天童山如浄《てんどうさんにょじょう》から法を受けて帰国し、後に越前《えちぜん》（福井県）に永平寺《えいへいじ》を建立して弟子の養成に励んだ（32ページを参照）。

◆禅宗《ぜんしゅう》の開祖は釈迦《しゃか》の一番弟子

禅宗《ぜんしゅう》の開祖は達磨《だるま》とされるが、実は達磨《だるま》は禅宗《ぜんしゅう》二十八祖となっている。それでは禅《ぜん》宗《しゅう》の開祖は誰なのか。それは釈迦《しゃか》の一番弟子として仏滅後に教団をまとめた大迦葉《だいかしょう》である。禅宗《ぜんしゅう》では、この大迦葉《だいかしょう》が釈迦《しゃか》の菩《ぼ》提樹《だいじゅ》下の坐《ざ》禅《ぜん》を直に受け継いだと考えるのである。西天（インド）第一祖は大迦葉《だいかしょう》、東天（中国）第一祖が達磨《だるま》大師《だいし》ということになる。

仏典には釈迦《しゃか》の出家の弟子は千二百五十人いたということが常套句《じょうとうく》のように出てくる。本当に何人いたかは不明だが、おそらく千人を超える出家の弟子がおり、そのほかに万を超える在家の信者がいたと考えられる。

そして、数多くの出家の弟子の中でとくに優れた十人が十大弟子と呼ばれている。その十大弟子のリーダーが大迦葉《だいかしょう》で、釈迦《しゃか》在世当時から名代として他の弟子たちを引き連れて布教の旅に出ていたという。釈迦《しゃか》が亡くなったときも弟子たちを伴って布教の旅に出ていたといい、釈迦《しゃか》の臨終には間に合わなかった。だから、釈迦《しゃか》の臨終の光景を描いた涅槃図《ねはんず》には大迦葉《だいかしょう》は描かれない。

また、中国で宋代に作られたと考えられる「拈華微笑《ねんげみしょう》」という寓話《ぐうわ》がある。釈迦《しゃか》が霊鷲山《りょうじゅせん》で大勢の弟子の前で説法をしていたとき、華を拈《ひね》ってみせた。居合わせた大勢の弟子たちはその意味が分からなかったが、大迦葉《だいかしょう》だけが諒解《りょうかい》して微笑んだという。そこで、釈迦《しゃか》は大迦葉《だいかしょう》だけに仏教の奥義を授けたという。これはいわゆる仏教の奥義は言葉ではなく、以心伝心《いしんでんしん》で師から弟子に授けられるものであるという、禅の基本的立場を示したものである。

◆禅《ぜん》のスローガン——不立文字《ふりゅうもんじ》・以心伝心《いしんでんしん》ほか

達磨《だるま》の禅は論理的であったといわれるが、五祖弘忍《こうにん》あたりから非論理的な傾向が強まり、六祖慧能《えのう》にいたって禅は完全に非論理的なものになった。そして、このころから「不立文字《ふりゅうもんじ》・教外別伝《きょうげべつでん》・直指人心《じきしにんしん》・見性成仏《けんしょうじょうぶつ》」という禅思想を代表する非論理的な命題が確立した。

「不立文字《ふりゅうもんじ》」とは、文字に頼らないという意味。しかし、これは文字を使わないという意味ではなく、文字にとらわれないという意味である。したがって経典の文言に対しては形式にとらわれることなく、自由な態度をとることになる。

禅の悟りの内容は言語や文字で伝えられるものではなく、師の心から弟子の心に直接伝えられるものであるということだ。禅宗《ぜんしゅう》では難解な語録や経典も読むが、それはあくまで手段であって師弟で心と心を通わすことが最も重要なのである。

次に「教外別伝《きょうげべつでん》」とは、教（経典）に記述されていないところに仏法《ぶっぽう》があるという意味。つまり、経典に絶対的価値や意義をおかないという意味である。釈迦《しゃか》は言葉で教えを授けることを「教内《きょうない》の法」といい、釈迦《しゃか》の心を言葉などを介さないで他者に伝えることを「教外《きょうげ》の法」といった。禅宗《ぜんしゅう》では他宗の教えはすべて教内《きょうない》の法で、禅宗《ぜんしゅう》の教えは教外《きょうげ》の法であるとする。

そこで禅の生活では人と人との関係が重視される。そして、個人の禅体験の深まりを直観することが修行の基本となる。その個人の禅の境地を「桟」と呼び、師は弟子の桟を、弟子は師の桟を直ちに把握して如実に表現しなければならない。それを「直《じき》指人心《しにんしん》」という。

また、それは自己の仏性《ぶっしょう》を知見することで、そのときブッダとなると考えられる。これを「見性成仏《けんしょうじょうぶつ》」という。

すなわち「不立文字《ふりゅうもんじ》・教外別伝《きょうげべつでん》・直指《じきし》人心《にんしん》・見性成仏《けんしょうじょうぶつ》」とは、「直ちに人心を指すとは、いたずらに眼を外界に向けることなく、自己の心を、自己の命をまっすぐにつかめ、考えたり、分析したりすることなく、むずと摑《つか》め。そうすれば、自己自身が実は仏そのものであることを、徹底して知るだろう」という意味なのである。

またもう一つ、日本で一般にも広く使われる言葉に、「以心伝心《いしんでんしん》」がある。たとえばある人のことを思っていたとき、ちょうどのその人から電話があった場合など、軽い意味で用いられることが多い。

以心伝心《いしんでんしん》は、文字通り「心を以《もっ》て、心に伝える」という意味だ。禅宗《ぜんしゅう》で悟りの極意を伝えるときに用いる言葉で、禅宗《ぜんしゅう》第六祖の慧能《えのう》の書にはじめて表され、言語や文字を媒介としないで悟りの内容をそのまま他人の心に伝えることを差す。

先にも述べたとおり、師資相承《ししそうじょう》を標榜する禅宗《ぜんしゅう》では師弟の間によほどの信頼関係があり、しかもいわゆる馬が合わなければならない。そして、禅の教えは理論や言葉でなく、師弟の間のいわば阿吽《あうん》の呼吸で伝わるのだ。

◆清規《しんぎ》──禅宗《ぜんしゅう》寺院独自の規律

当時、長安《ちょうあん》などには天台宗《てんだいしゅう》や法相宗《ほっそうしゅう》などの大寺が甍《いらか》を並べ、新参の禅宗《ぜんしゅう》は宗派としてはまとまっていても、都市部に大伽藍《だいがらん》を建てる余地がなかった。

もともと、仏教は釈迦《しゃか》の時代から都市型の宗教だった。仏教の修行者は托鉢《たくはつ》によって得た食事で生計を立て、食物を作ったり、生活のための雑務に費やす時間は修行と布教活動に励むことを旨とした。

だから、街から遠からず近からず、ある程度の静寂を保ちながら街に托鉢《たくはつ》に行けるところに初期の寺院は作られた。そして、中国でも日本でも当初は都に大寺が建てられたのである。

しかし、禅宗《ぜんしゅう》は前述のような事情から止むなく山間部に行き、そこを修行の拠点とした。そして、耕作したり、料理を作ったり、掃除や洗濯をするといった作務《さむ》が非常に重要視されるようになったのである。本来、仏教はそういった雑務は在家の信者に任せるというのが大原則で、戒律《かいりつ》の重要な一部をなしていたが、山に入った禅宗《ぜんしゅう》寺院はこの掟《おきて》を根本的に改変する必要に迫られた。そこで、「清規《しんぎ》」という個々の禅師《ぜんし》の規律を作ることになった。その最初のものが百丈懐海の定めた『百丈清規《ひゃくじょうしんぎ》』なのである。

◆日本に禅宗《ぜんしゅう》はいつごろ伝えられたか

日本ではすでに、飛鳥《あすか》時代に奈良の元興寺《がんごうじ》の道昭《どうしょう》（六二九〜七〇〇）という僧が入唐《にっとう》の折に玄奘三蔵《げんじょうさんぞう》に師事して法相宗《ほっそうしゅう》を学び、同時に禅も学んだという。帰国した道昭《どうしょう》は元興寺《がんごうじ》の南東隅に禅院を建てて坐禅《ざぜん》に励んだと伝えられている。

奈良時代には大安寺《だいあんじ》の道璿《どうせん》が北宗禅《ほくそうぜん》を伝え、これを行表《ぎょうひょう》が受けて最澄《さいちょう》に伝えた。その後、最澄《さいちょう》は入唐して翛然《ゆうぜん》から牛頭禅《ごずぜん》を授けられ、さらに平安時代には唐の義空《ぎくう》が来朝して南宗禅《なんそうぜん》を伝えた。平安時代末の一一七一年には、比叡山《ひえいざん》の覚阿《かくあ》という僧が入宋して臨済禅《りんざいぜん》を伝え、同じく比叡山《ひえいざん》の大日能忍《だいにちのうにん》という僧が弟子を入宋させて拙庵徳光《せったんとっこう》から印可《いんか》（悟りを得たことを師から認められること）を授けられたという。

しかし、平安時代には天台宗《てんだいしゅう》や真言宗《しんごんしゅう》、法相宗《ほっそうしゅう》や華厳宗《けごんしゅう》などの奈良時代から続く宗派が勢力を持ち、いまだ禅が普及する基盤ができていなかった。そのため、禅宗《ぜんしゅう》はこの時代には日本に根を下ろすことができなかったのである。

その結果、鎌倉時代になると栄西《えいさい》（一一四一〜一二一五）が入宋して臨済宗《りんざいしゅう》を伝え、これが禅宗《ぜんしゅう》の初伝となっている。栄西《えいさい》は十九歳で比叡山《ひえいざん》に登って天台《てんだい》の教理と密教を学んだ。二十八歳のときに入宋したが、このときの目的は明らかではない。その後、密教を極め、四十七歳のときに再び入宋し、五年間修行した後に帰国して臨済宗《りんざいしゅう》を伝えた。

栄西《えいさい》は先ず博多《はかた》に聖福寺《しょうふくじ》と報恩寺《ほうおんじ》を開き、『興禅護国論《こうぜんごこくろん》』を著して禅宗《ぜんしゅう》の教義を明らかにした。本書によって日本ではじめて禅宗《ぜんしゅう》の実態が明らかになったのである。

そして、建仁《けんにん》二年（一二〇二）、京都に建仁寺《けんにんじ》を開いた。しかし、当時は比叡山《ひえいざん》が新参の禅宗《ぜんしゅう》に対して厳しい態度をとっていたため、栄西《えいさい》は建仁寺《けんにんじ》を純粋な禅の道場とせず、天台《てんだい》、真言《しんごん》の三宗兼学道場にしたて天台宗《てんだいしゅう》や真言宗《しんごんしゅう》の批判をかわした。

その後、栄西《えいさい》の弟子の道元《どうげん》（一二〇〇〜一二五三）が入宋して曹洞宗《そうとうしゅう》を伝えた。道《どう》元《げん》は二十四歳のときに入宋して天童山如浄《てんどうさんにょじょう》の指導を受け、大悟《だいご》して印可《いんか》を授かった。在宋五年で帰国した道元《どうげん》は京都の深草《ふかくさ》に禅院を開き、宋朝風の純粋禅を主唱した。このことが比叡山《ひえいざん》の忌諱《きい》に触れて寺は打ち壊しに遭い、越前《えちぜん》（福井県）の豪族波多野《はたの》氏の招きで越前《えちぜん》に移り、ここに永平寺《えいへいじ》を創建する。それから十年間、道元《どうげん》は弟子の指導に専念し、多くの著作を残して禅の普及に努めた。

◆曹洞宗《そうとうしゅう》・臨済宗《りんざいしゅう》・黄檗宗《おうばくしゅう》の違い

日本の禅宗《ぜんしゅう》は曹洞宗《そうとうしゅう》・臨済宗《りんざいしゅう》・黄檗宗《おうばくしゅう》の三つの宗派があり、坐禅《ざぜん》によって悟りを目指すことに変わりはないが、それぞれ坐禅《ざぜん》の仕方や教義などに多少の異なりがある。

まず、曹洞宗《そうとうしゅう》では壁に向かって坐禅《ざぜん》をする。これは達磨《だるま》の面壁《めんぺき》九年に倣《なら》ったものだ。そして、坐禅《ざぜん》のときに姿勢が乱れたりすると、警策《きょうさく》という棒で背後から左右の肩を叩かれる。

一方、臨済宗《りんざいしゅう》では床几《しょうぎ》の上に座り、向かい合って坐禅《ざぜん》をする。警策《けいさく》（曹洞宗では「きょうさく」）を受けるときは頭を垂れて前から左右の肩を叩かれるのである。向かい合って坐禅《ざぜん》をするとき、前に座った先輩の修行僧が百面相をするなどして笑わせることがあるといい、これを堪《こら》えるのがなかなか大変だという。最近はあまり言われなくなったが「ダルマさん、ダルマさん、にらめっこしましょう……」という俗諺《ぞくげん》はこのあたりから来ているらしい。

黄檗宗《おうばくしゅう》の坐禅《ざぜん》も臨済宗《りんざいしゅう》と同様、向かい合って行う。ただし、黄檗宗《おうばくしゅう》は浄土《じょうど》信仰を大きく取り入れているので、念仏禅と呼ばれ、「南無阿弥陀仏《なむあみだぶつ》」の念仏と坐禅《ざぜん》を併修するのが特徴である。

また、曹洞宗《そうとうしゅう》では道元《どうげん》以来、只管打坐《しかんたざ》といってひたすら坐禅《ざぜん》に打ち込む。しかも、座るだけが坐禅《ざぜん》ではなく、日常の行住坐臥《ぎょうじゅうざが》すべてが坐禅《ざぜん》であるというのが道元《どうげん》の教えだ。したがって、曹洞宗《そうとうしゅう》では掃除、洗濯、炊事など日常のさまざまな仕事（作務《さむ》）が重要視される。

臨済宗《りんざいしゅう》の禅は看話禅《かんなぜん》といわれるもので、師匠の部屋に参じて（入室《にっしつ》して）参禅《さんぜん》の目標となる公案《こうあん》を授かり、参禅《さんぜん》してその答えを求める。答えが師匠に認められれば、さらに公案《こうあん》をもらって参禅《さんぜん》工夫して答えを求め、大悟《だいご》に至ろうとする。このように入室、参禅《さんぜん》を繰り返すのが臨済宗《りんざいしゅう》の禅風《ぜんぷう》である。

黄檗宗《おうばくしゅう》の念仏禅は、阿弥陀如来《あみだにょらい》を本尊《ほんぞん》として、日々、念仏を称《とな》え、坐禅《ざぜん》を実践する。また、黄檗宗《おうばくしゅう》の修行僧は朝、起きたときに大きな声で「オミトー」と称える。「オミトー」とは中国南部の福建省《ふっけんしょう》の発音でアミダのことだ。阿弥陀仏《あみだぶつ》の名を称えて一日が始まるのだ。

◆公案《こうあん》とは何か

古く中国では科挙《かきょ》という官吏採用の試験があった。いまでいう国家公務員採用試験である。この試験には極めて難しい問題が出され、合格するのは極わずかな秀才に限られた。

「国破《くにやぶ》れて山河《さんが》在《あ》り」という詩で有名な杜甫《とほ》は、青年時代から毎年、科挙《かきょ》の試験を受けたが、「白頭掻《はくとうか》けば更《さら》に短《みじか》く渾《す》べて簪《しん》に勝《た》えざらんと欲《ほっ》す」の詩のごとく、白髪になって髪も薄くなり、簪《こうがい》が挿せないほどになっても合格しなかったという。

この科挙《かきょ》の試験問題を「公府の案牘《あんとく》（政府が出した公の問題）」といい、これを略して公案《こうあん》という。これにならって禅宗《ぜんしゅう》では参禅《さんぜん》のヒントになる優れた禅僧《ぜんそう》の言行を公案《こうあん》というようになったのである。公案《こうあん》にならったのは、政府が出す布告や公の試験問題は厳格で犯すことができないものであり、禅の語録もそういった性格をもっているからである。「日々是好日《ひびこれこうじつ》」や「仏は何処《いずこ》にありや」「達磨《だるま》生来の意」など有名な公案《こうあん》もあり、その総数は「古則《こそく》千七百則」といわれるほど多い。

先にも述べたとおり、修行をするものは師匠から公案《こうあん》を授かり、坐禅《ざぜん》をしてその意味を考える。このとき、頭で考えるのではなく瞑想《めいそう》のなかで論理を超えた答えを見出《みいだ》すのである。これを参禅《さんぜん》といい、答えが見つかったなら師匠のところに行って問答《もんどう》をする。師匠のところに参じるのを入室という。

師匠に認められれば悟りの境地に達したことになり、師匠から印可《いんか》というお墨付きを授けられ、一人前の禅僧《ぜんそう》として認められるのだ。しかし、印可《いんか》への道のりは厳しく、何度も何度も参禅《さんぜん》、入室を繰り返さなければ容易には認められない。そして、印可《いんか》を授けられてもさらに修行は続く。禅宗《ぜんしゅう》では大悟《だいご》、小悟《しょうご》といって悟りのレベルに違いがあることが認められている。

たとえ、大悟《だいご》してもさらに高レベルの大悟《だいご》の境地を目指して修行は続くのである。これを悟後《ごご》の修行という。

また、公案《こうあん》には決まった答えというものがない。以心伝心《いしんでんしん》で師匠と弟子の心が一つになったとき、そこに答えを見出すのである。だから、禅問答《ぜんもんどう》はよく「コンニャク問《もん》答《どう》」といわれるように、師弟の間でしか分からない。他人にはまったく何が起こったのか分からないのである。

◆五山《ござん》とは何か

かつてインドに五精舎《ごしょうじゃ》と呼ばれる代表的な僧院があり、これに倣って中国で宋代（一二世紀前後）に同様の制度が設立された。五カ寺の大寺院を選び、皇帝が殊遇したのである。

禅宗《ぜんしゅう》が伝来すると日本でもこの制度を整備した。建長《けんちょう》五年（一二五三）に鎌倉に建《けん》長寺《ちょうじ》が創建され、弘安《こうあん》五年（一二八二）に円覚寺《えんがくじ》が創建された。その後、浄智寺《じょうちじ》、浄《じょう》妙寺《みょうじ》が相次いで創建され、先に創建された寿福寺《じゅふくじ》を含めて鎌倉五山《ござん》と称された。

室町時代になって足利尊氏《あしかがたかうじ》が京都に室町幕府を開くと、京都を中心に五山《ござん》が定められ、第一位南禅寺《なんぜんじ》、第二位建仁寺《けんにんじ》、第三位東福寺《とうふくじ》、第四位建長寺《けんちょうじ》、第五位円覚寺《えんがくじ》とした。

その後、尊氏《たかうじ》は夢窓疎石《むそうそせき》の勧めで天龍寺《てんりゅうじ》を創建し、第三代将軍足利義満《あしかがよしみつ》が相国寺《しょうこくじ》を創建した。そして、京都五山《ござん》は第一位天龍寺《てんりゅうじ》、第二位相国寺《しょうこくじ》、第三位建仁寺《けんにんじ》、第四位東福寺《とうふくじ》、第五位万寿寺《まんじゅじ》と定められ、完全に京都中心となり、南禅寺《なんぜんじ》は五山《ござん》の上に置かれた。

室町幕府が五山《ござん》の制を定めて保護政策をとったことから優秀な人材が集まり、五山《ござん》文学と呼ばれる詩文を中心とした文芸が発達し、雪舟《せっしゅう》に代表される南宋画《なんそうが》の名作も生み出された。また、五山《ござん》版と呼ばれる経典や漢籍、詩文が印刷刊行された。さらに五《ご》山《ざん》は宋学研究の中心となり、中世文化の中心としてその後の日本文化に大いに貢献する。

しかし、五山《ござん》は文芸や絵画といった本来の禅からは離れたところで発展し、五山《ござん》以外の禅宗《ぜんしゅう》勢力からはしだいに批判が強まった。一休《いっきゅう》などは五山《ござん》批判の急先鋒《きゅうせんぽう》だったのである。しかも、鎌倉幕府と濃密な関係にあり、過剰に保護されたことから資金が集中し、それを当時、衰退の一途を辿《たど》っていた公家や武家、あるいは他宗の寺院に高利で貸し付けて暴利を貪《むさぼ》ったため、これにも各方面から批判が集中した。

そして、室町時代前半にはすでに衰亡の一途を辿った室町幕府と命運を共にし、五《ご》山《ざん》の権威はすっかり色あせ、大徳寺《だいとくじ》や妙心寺《みょうしんじ》など禅の正統を行く禅寺《ぜんでら》に取って代わられることになったのである。

◆禅宗《ぜんしゅう》の伽藍《がらん》配置

禅宗《ぜんしゅう》は山の中に寺院を構え、自給自足を旨としたことから伽藍《がらん》配置にも特徴がある。南斜面の沢筋に伽藍《がらん》を並べるが、これは水の便をはかり、野菜などの作物を耕作できるようにするためである。

南から寺の正門に当たる総門《そうもん》、仏門に入るための山門《さんもん》、本堂に当たる仏殿《ぶつでん》、問答《もんどう》や読経《どきょう》を行うための法堂《はっとう》（他宗の講堂に当たる）、調理場などがある庫裏《くり》、そして、住職の住まいである方丈《ほうじょう》が一直線に並ぶ。また、東西には修行僧の住まいである僧坊《そうぼう》、浴室、東司《とうす》と呼ばれるトイレが配され、他に鐘楼《しょうろう》などもある。

禅宗《ぜんしゅう》寺院では修行僧は東西の僧坊《そうぼう》に分かれて生活し、東の僧坊《そうぼう》で生活する僧侶《そうりょ》は寺の経理や建物の保守管理、調理などを担当し、こちらを東班という。また、西の僧坊《そうぼう》に住む僧侶は参禅《さんぜん》など修行に打ち込み、こちらを西班と呼ぶ。それぞれ半年から一年で東西の持ち場を替えながら修行生活に励むのが禅宗《ぜんしゅう》スタイルだ。

そのため、かつての大きな禅寺《ぜんでら》では浴室やトイレは東西に配されていたのである。現在では禅宗《ぜんしゅう》のトイレといえば東班が使っていた東司《とうす》が代名詞のようになっているが、西班が使うトイレは西浄《せいちん》と呼ばれ、これが転訛《てんか》して雪隠《せっちん》という言葉ができた。

今述べた伽藍《がらん》配置は主に臨済宗《りんざいしゅう》の寺院で見られるもので、鎌倉の建長寺《けんちょうじ》や円覚寺《えんがくじ》はこの様式を留《とど》めている。一方、曹洞宗《そうとうしゅう》の伽藍《がらん》配置は総門《そうもん》から方丈《ほうじょう》までの建物が南から北に向かって並ぶのは同じだが、それぞれの建物に回廊を巡らせ、回廊伝いにすべての建物に行けるようになっている。これは永平寺《えいへいじ》のような積雪地に対応したものだ。

◆曹洞宗《そうとうしゅう》の本尊《ほんぞん》と諸尊《しょそん》

釈迦牟尼仏《しゃかむにぶつ》（本尊《ほんぞん》）

禅宗《ぜんしゅう》では釈迦《しゃか》を理想として釈迦《しゃか》と同じ悟りの境地に至ることを目指す。したがって、禅宗《ぜんしゅう》各宗派は釈迦如来《しゃかにょらい》を本尊《ほんぞん》とする寺が多い。ふつう釈迦如来《しゃかにょらい》の脇侍《わきじ》は向かって右に文殊菩薩《もんじゅぼさつ》、同左に普賢菩薩《ふげんぼさつ》だが、禅宗《ぜんしゅう》では向かって右に大迦葉《だいかしょう》、同左に阿難《あなん》が従うことが多い。大迦葉《だいかしょう》は釈迦《しゃか》の一番弟子で禅宗《ぜんしゅう》第一祖とされる。阿難《あなん》は釈迦《しゃか》の従妹《いとこ》といわれ、常に釈迦《しゃか》のそば近く仕えて、身の回りの世話をした人物である。

また、ふつう釈迦如来《しゃかにょらい》像の右手は手のひらを前に向けて胸の辺りに掲げた施無畏印《せむいいん》をとり、左手は手のひらを上に向けて膝《ひざ》の上に乗せた与願印《よがんいん》をとる。しかし、禅宗《ぜんしゅう》寺院の本尊《ほんぞん》の釈迦如来《しゃかにょらい》は坐禅《ざぜん》のときに組む定印《じょういん》の姿勢を取るものが多い。

このほか、禅宗《ぜんしゅう》寺院では宝冠《ほうかん》をかぶり、装身具を身に着けた宝冠釈迦如来《ほうかんしゃかにょらい》も見られる。これはインドですでに登場し、毘盧遮那如来《びるしゃなにょらい》や大日如来《だいにちにょらい》と同じ力を持つと考えられ、日本には禅の伝来とともに伝えられたものだ。

さらに、三世仏《さんぜぶつ》をまつる禅宗《ぜんしゅう》寺院もある。向かって左から阿弥陀如来《あみだにょらい》、釈迦如来《しゃかにょらい》、弥勒如来《みろくにょらい》の三尊をまつる。これら三尊が過去（阿弥陀如来《あみだにょらい》）、現在（釈迦如来《しゃかにょらい》）、未来（弥勒如来《みろくにょらい》）の三世《さんぜ》を守る。人は悠久の過去から遠い未来にわたって輪廻転生《りんねてんしょう》を繰り返す。だから、過去、現在、未来をしっかりと守ってくれる仏が必要なのだ。三世仏《さんぜぶつ》の信仰はすでにインドや中国にもあったが、日本には道元《どうげん》がもたらし、永平寺《えいへいじ》にまつったのがはじまりである。

羅漢《らかん》（釈迦《しゃか》の眷属《けんぞく》）

サンスクリット語でアルハットといい、音写して阿羅漢《あらかん》と訳し、略して羅漢《らかん》という。煩悩《ぼんのう》を断ち切って、もうこれ以上学ぶことがないということから、無学とも呼ばれる。世の人々の尊敬に値する人という意味で、小乗仏教《しょうじょうぶっきょう》の修行者が達しうる最高の境地に達しているが、大乗《だいじょう》の仏、菩薩《ぼさつ》のように衆生《しゅじょう》を助けることができない。そこで、釈迦《しゃか》に従って衆生《しゅじょう》救済の手伝いをするのが羅漢《らかん》の役目だ。

十六羅漢《らかん》や五百羅漢《らかん》などがよく知られているが、単独でまつられることはない。禅宗《ぜんしゅう》寺院では釈迦三尊《しゃかさんぞん》の両側に十六羅漢《らかん》を配することが多い。

韋駄天《いだてん》（伽藍《がらん》の守護神）

サンスクリット語でスカンダといい、もともと仏教が興る以前からインドの神話に登場し、信仰されていた神（天）で、これが仏教に取り入れられてその守護神となった。「韋駄天《いだてん》走り」などといわれるように、天界一の俊足の持ち主である。

釈迦《しゃか》が亡くなって荼毘《だび》に付されたとき、悪魔がやって来て隙をみて仏舎利《ぶっしゃり》（釈迦《しゃか》の遺骨）の中でも最も神聖とされる歯を盗んで一目散に逃げて行った。これを見た韋駄《いだ》天《てん》は猛然と追い掛け、見事にこれを取り返したという。

このエピソードから韋駄天《いだてん》は舎利塔の守護神としてまつられ、やがて、伽藍《がらん》の守護神とされるようになった。宇治《うじ》の万福寺《まんぷくじ》の山門《さんもん》の先に天王殿という黄檗宗《おうばくしゅう》独特の建物がある。その前面には弥勒菩薩《みろくぼさつ》の化身とされる布袋《ほてい》が、そして、背中合わせに伽藍《がらん》の方を向いて韋駄天《いだてん》がまつられている。ただし、一般に禅宗《ぜんしゅう》寺院では庫裏《くり》の入り口にまつられる場合が多い。

大黒天《だいこくてん》（庫裏《くり》の守護神）

サンスクリット語でマハー・カーラという。マハーは大きい、カーラは黒。そこで、大黒と意訳される。インドで仏教以前から信仰されており、戦闘神で非常に恐ろしい姿をしていた。これが仏教に取り入れられ、平安時代のはじめに日本に伝えられた。鎌倉時代ごろまでは恐ろしい表情をしていたが、大黒と大国で音が通じることから、大国主命《おおくにぬしのみこと》と混同して信仰されるようになった。そして、しだいに大国主命の柔和な表情に影響され、福相をそなえるようになり、江戸時代には七福神《しちふくじん》の一神として民間で信仰されるようになった。

日本では五穀豊穣《ごこくほうじょう》や食物を司《つかさど》る神としても信仰され、禅宗《ぜんしゅう》寺院では庫裏《くり》にまつられる。横浜鶴見《つるみ》の總持寺《そうじじ》の庫裏《くり》の入り口には三メートルを超える大黒天《だいこくてん》がまつられている。

烏枢沙摩明王《うすさまみょうおう》（トイレの神様）

サンスクリット語でウッチュシュマンといい、これを音写して烏枢沙摩明王《うすさまみょうおう》という。また、意訳して不浄金剛《ふじょうこんごう》、火頭金剛《かとうこんごう》ともいう。不浄なものを清浄にする力を持つことから不浄金剛《ふじょうこんごう》といわれ、火を防ぐことから火頭金剛《かとうこんごう》と呼ばれる。

曹洞宗《そうとうしゅう》では不浄を除くことから、トイレの守護神としてまつられる。静岡県の可睡斎《かすいさい》には日本一のトイレという広く清潔なトイレがあり、その中央に二メートルほどの憤怒相《ふんぬそう》の烏枢沙摩明王《うすさまみょうおう》がまつられている。

跋陀婆羅尊者《ばつだばらそんじゃ》（浴室の守護神）

水を観察してこれを機縁に悟りを開いたとされる。このことから禅寺《ぜんでら》では浴室にまつられる。

禅宗《ぜんしゅう》では浴室は僧堂《そうどう》（坐禅《ざぜん》堂）、東司《とうす》とともに三黙堂《さんもくどう》と呼ばれ、言葉を発することが厳しく禁じられている。

清規《しんぎ》（禅宗《ぜんしゅう》寺院の修行規則）には入浴は四と九の付く日と定められ、入浴に先立って首座《しゅそ》（修行僧を指導する僧）、知浴《ちよく》（浴司《よくす》とも呼ばれる、浴室を管理する僧）が跋陀婆《ばつだば》羅《ら》尊者《そんじゃ》の像に湯をかける所作《しょさ》をしながら「沐浴身体《もくよくしんたい》　当願衆生《とうがんしゅじょう》　身心無垢《しんじんむく》　内外《ないげ》衡皎《こうこう》潔《けつ》（沐浴に当たって、人々に願う。身も心も内外《ないげ》ともに汚れのないことを）」という偈文《げぶん》を称える。その後で住持《じゅうじ》（住職）以下、順次入浴する。修行僧は入浴の前後に偈文《げぶん》を称え跋陀婆羅尊者《ばつだばらそんじゃ》に参拝するのが習わしだ。

招宝七郎大権現修理菩薩《しょうぼうしちろうだいごんげんしゅりぼさつ》（仏法《ぶっぽう》の守護神）

中国の阿育王山《あいくおうざん》の広利寺《こうりじ》という禅寺《ぜんでら》の護法神（仏教を守る神）で、招宝山《しょうぼうざん》という山に棲《す》んでいたことからこの名で呼ばれる。

かつて道元《どうげん》が入宋して印可《いんか》を得て帰国の途についたとき、密《ひそ》かに随行して道元《どうげん》を守り、無事、禅宗《ぜんしゅう》を日本に伝えることができたという。曹洞宗《そうとうしゅう》、臨済宗《りんざいしゅう》の禅寺《ぜんでら》では仏殿《ぶつでん》(本堂)の東側の土地壇というところに仏法《ぶっぽう》保護の神としてまつられる。

三宝荒神《さんぽうこうじん》(仏法《ぶっぽう》の守護神)

神仏習合の中で生まれた日本独自の神で、仏法僧《ぶっぽうそう》の三宝《さんぼう》に帰依《きえ》するもの、つまり仏教の信者を守る神である。竈《かまど》に棲むということから、とくに関西では「お荒神さま」と呼ばれ、竈《かまど》の上にまつられる。

三宝荒神《さんぽうこうじん》は如来荒神《にょらいこうじん》、麁乱荒神《そらんこうじん》、憤怒荒神《ふんぬこうじん》の総称で、もともと煩悩《ぼんのう》から生まれる無明(根本的な無知)を神格化したものといわれている。激しい情念を鎮めてくれることから、竈《かまど》の神、火の神として信仰されている。

横浜鶴見《つるみ》の曹洞宗大本山總持寺《そうとうしゅうだいほんざんそうじじ》では三宝荒神《さんぽうこうじん》を大日如来《だいにちにょらい》、阿弥陀如来《あみだにょらい》、文殊菩薩《もんじゅぼさつ》の化身として別殿を設けてまつり、厄除《やくよけ》、長寿の祈願《きがん》が行われている。

荼枳尼天《だきにてん》(伽藍《がらん》の守護神)

サンスクリット語でダーキニーといい、もともとインドの神話に登場する鬼神《きじん》である。人の死を六カ月前に察知して、その人が死ぬと急行して心臓を取り出して喰《く》うといわれている。また、荼枳尼天法《だきにてんほう》という修法《しほ》を治めると神通力《じんづうりき》が得られるといわれ、インドでは神通力《じんづうりき》の獲得を目指す瑜伽行者《ゆがぎょうじゃ》（ヨーガ行者）の間で盛んに信仰されてきた。

日本に伝えられると、死肉を貪《むさぼ》るという習性が狐に通じ、また、白虎《びゃっこ》に乗る姿から稲荷神《いなりがみ》の使いの狐と同一視されるようになった。稲荷《いなり》社の幟《のぼり》に「荼枳尼稲荷大明神《だきにいなりだいみょうじん》」と書かれているものが見られる。愛知県の豊川稲荷《とよかわいなり》は妙厳寺《みょうごんじ》といれっきとした曹洞《そうとう》宗《しゅう》の禅寺《ぜんでら》で、その境内に荼枳尼天《だきにてん》をまつっている。

もともと道元《どうげん》の弟子の寒巌義尹《かんがんぎいん》が宋から帰るときに船上で稲穂を持ち、白虎に乗った荼枳尼天《だきにてん》に出会い、その姿を自ら刻んで妙厳寺《みょうごんじ》にまつり、寺の守護神とした。そして、江戸時代になると稲荷《いなり》信仰が空前のブームになり、稲荷神《いなりがみ》、荼枳尼天《だきにてん》、狐が同一視されて「荼枳尼《だきに》真天」をまつる妙厳寺《みょうごんじ》は豊川稲荷《とよかわいなり》の名で広く知られるようになったのである。

三尺坊大権現《さんじゃくぼうだいごんげん》（火伏《ひぶせ》の神）

火災を防ぐ力のある観音菩薩《かんのんぼさつ》の化身とされ、火伏《ひぶせ》の神として信仰を集めている。三《さん》尺坊《じゃくぼう》は実在の人物とされ、信州の生まれで、母は熱心な観音信仰者だったという。信心深い母のもとで育てられた彼は七歳で出家、厳しい修行に耐えて新潟県の役行者《えんのぎょうじゃ》ゆかりの蔵王堂《ざおうどう》十二坊のうちの三尺坊《さんじゃくぼう》を預かることになった。

その後、再び信州に帰って修行した後、神通力《じんづうりき》を獲得し、大同《だいどう》四年（八〇九）に遠州《えんしゅう》（静岡県西部）に秋葉寺《しゅうようじ》を開いた。三尺坊《さんじゃくぼう》ゆかりの秋葉寺《しゅうようじ》には三尺坊大権現《さんじゃくぼうだいごんげん》がまつられたが、明治《めいじ》六年（一八七三）に神仏分離政策によって廃寺となった。このため三尺坊大権現《さんじゃくぼうだいごんげん》を可睡斎《かすいさい》に移し、秋葉三尺坊大権現《さんじゃくぼうだいごんげん》と称した。曹洞宗《そうとうしゅう》の寺院には三尺坊大《さんじゃくぼうだい》権現《ごんげん》をまつるところが多い。

道了大権現《どうりょうだいごんげん》

神奈川県の最乗寺《さいじょうじ》にまつられ、「道了尊」「道了大薩埵《どうりょうだいさつた》（薩埵《さつた》は菩提薩埵《ぼだいさつた》、菩薩《ぼさつ》の意味）」の名で信仰を集めている。道了大権現《どうりょうだいごんげん》は妙覚《みょうかく》という修験者《しゅげんじゃ》で、大和《やまと》（奈良県）の大峰山《おおみねさん》や紀伊《きい》（和歌山県）の熊野三山《くまのさんざん》などで厳しい修行を重ね、神通力《じんづうりき》を得たという。滋賀県の三井寺《みいでら》（園城寺《おんじょうじ》）で修行していたとき、了庵慧明《りょうあんえみょう》が最乗寺《さいじょうじ》を創建すると聞き、空を飛翔《ひしょう》して手伝いにやって来たという。最乗寺《さいじょうじ》に着いた妙覚《みょうかく》は一人で五百人分の力を発揮し、最乗寺《さいじょうじ》の伽藍《がらん》は一年で完成したという。十八年後に了庵《りょうあん》が亡くなると、妙覚《みょうかく》は天狗《てんぐ》に変身して白虎にまたがり「これより、大雄山最乗寺《だいゆうざんさいじょうじ》を護《まも》り、衆生《しゅじょう》を済度《さいど》せん」といって全山鳴動する中、山中に消えた。以降、最乗寺《さいじょうじ》での守護神として大切にまつられている。

白山妙理大権現《はくさんみょうりだいごんげん》

福井、石川、岐阜の三県にまたがる白山は古くから霊峰として盛んに信仰を集めてきた。もともと永平寺《えいへいじ》の一帯は白山修験《はくさんしゅげん》といわれる天台《てんだい》系の密教《みっきょう》が盛んな地域で、十一面観音の化身とされる白山妙理大権現《はくさんみょうりだいごんげん》を祭神として崇《あが》めていた。

道元《どうげん》が宋から帰国する前夜、白山妙理大権現《はくさんみょうりだいごんげん》が現れてとうてい間に合うはずのない『碧巌録《へきがんろく》』という禅の語録の書写を助け、一夜で完成することができたという逸話がある。そして、加賀《かが》（石川県南部）の大乗寺《だいじょうじ》にはその写本といわれるものが伝えられている。

永平寺《えいへいじ》をはじめ、北陸の曹洞宗《そうとうしゅう》の禅寺《ぜんでら》には白山妙理大権現《はくさんみょうりだいごんげん》をまつるところが多い。

放光菩薩《ほうこうぼさつ》

放光菩薩《ほうこうぼさつ》とは観音菩薩《かんのんぼさつ》と地蔵菩薩《じぞうぼさつ》を合わせた尊名で、放光菩薩《ほうこうぼさつ》という独立の仏格ではない。大本山總持寺《そうじじ》の山門《さんもん》の楼上にまつられ、観音菩薩《かんのんぼさつ》の深い慈悲と地蔵菩薩《じぞうぼさつ》の深い思慮をもってわれわれを護り、救済してくれると信じられている。

コラム／建築、精進料理——さまざまな文化をもたらした禅《ぜん》

鎌倉時代に伝えられた禅宗《ぜんしゅう》は禅の思想や修行方法ばかりでなく、中国から最新のさまざまな文化をもたらした。

建築では唐様《からよう》（禅宗様《ぜんしゅうよう》）と呼ばれるものが伝えられ、これが他の仏教各派や神社の建築にも採用されるようになった。たとえば、唐破風《からはふ》と呼ばれる椀《わん》形の破風（建物の入り口のところにある庇《ひさし》のようなもの）は、時代が下ると宗派を超えて採用され、神社をはじめ、劇場や旅館、神輿《みこし》、霊柩車《れいきゅう》にも設《しつら》えられるようになった。また、寺のシンボルのようになった花頭窓《かとうまど》という釣り鐘形の窓も禅宗《ぜんしゅう》とともにもたらされたものだ。さらに、礎盤という椀形の礎石や、その上に立つ粽柱《ちまきばしら》という上下を面取りして粽、あるいはソーセージのような形状にしたものも禅宗《ぜんしゅう》建築の代表だ。

　また、禅宗《ぜんしゅう》とともに伝えられて広まったものに精進料理がある。その代表はガンモドキで、それまで日本になかったいわゆる練り物料理が伝えられた。もともと、仏教では肉や魚を食べてはいけないという戒律《かいりつ》はない。しかし、自ら鳥獣や魚を捕って食べることは許されない。禅宗《ぜんしゅう》寺院が山中に建てられると、周りに雁《がん》（鴨）が飛んでいてもそれを捕まえて食べることはできない。かつて町にいたときは在家の人が雁の肉を布施《ふせ》として施し、美味《おい》しく食べたことを記憶している修行僧たちはそれに近い味を作ろうと工夫した。そして、雁のモドキを創り上げたのだ。

　また、豆腐や味噌《みそ》、醤油《しょうゆ》、納豆、湯葉や麩《ふ》などが多用されるようになり、日本料理のレパートリーが多彩になった。さらに江戸時代に黄檗宗《おうばくしゅう》が伝えられると、普茶《ふちゃ》料理と呼ばれる黄檗宗《おうばくしゅう》独特の精進料理が伝えられた。こちらは肉や魚を使わずに中華料理の炒《いた》め物などを作るものだ。

第二章　道元《どうげん》の生涯と教え

◆出生と出家

希玄道元《きげんどうげん》は正治《しょうじ》二年（一二〇〇）、京都で生まれた。父は内大臣正二位右大将の久《こ》我《が》通親《みちちか》、母は摂政太政大臣《せっしょうだじょうだいじん》の藤原基房《もとふさ》の娘だったという。道元《どうげん》の出自について近年、異説も出ているが、いずれの説をとっても道元《どうげん》が上流貴族の出身だったことは間違いないようだ。

しかし、三歳のときに父を亡くし、八歳のときには母が亡くなった。幼くして両親を失った道元《どうげん》は十三歳のときに出家を決意して比叡山《ひえいざん》に登り、仏道修行に励むことになった。以降、五年間修行と勉学に励み、天台《てんだい》の教義を深く学んだ。

しかし、道元《どうげん》は天台本覚《てんだいほんがく》思想（衆生《しゅじょう》の心は本来、悟りの性質を具《そな》えているという、天台《てんだい》の中核をなす思想）を学んで大きな疑問を抱くようになる。それは、衆生《しゅじょう》（すべての人）には仏性《ぶっしょう》（仏になる可能性、素質）が具わっており、衆生は本来成仏しているのであれば、三世《さんぜ》の諸仏（釈迦《しゃか》をはじめ、過去、現在、未来に存在するブッダ）は何のために発心《ほっしん》し、修行し、菩提《ぼだい》（悟り）を求めたのはどういうことかという疑問だった。

これに対して、比叡山《ひえいざん》の高僧たちは誰も満足な答えを出すことができなかった。そこで、比叡山《ひえいざん》に見切りをつけた道元《どうげん》は山を下り、当時、碩学《せきがく》の聞こえの高かった三井寺《みいでら》（園城寺《おんじょうじ》）の公胤《こういん》の門を叩《たた》いた。公胤《こういん》は自ら指導することなく、当時、宋から仏心宗《ぶっしんしゅう》（禅宗《ぜんしゅう》）を伝えて帰国したばかりの栄西《えいさい》が開いた建仁寺《けんにんじ》に行くように指示した。

公胤《こういん》は天台宗《てんだいしゅう》の奥義を究めた僧侶《そうりょ》だったが、道元《どうげん》が天台《てんだい》の教えに満足しないで山を下りたことを見抜き、これ以上、道元《どうげん》に天台《てんだい》の教義を授けても彼が満足しないと考えたのだろう。あるいは公胤《こういん》は道元《どうげん》がすでに新進の禅に興味を抱いていることを察知したのかもしれない。

いずれにしても公胤《こういん》からの紹介を受けた道元《どうげん》は、建仁寺《けんにんじ》に向かった。このころ、栄西《えいさい》はすでに亡くなっており、直弟子の明全《みょうぜん》の指導を受けることになった。修行を続けるにしたがって、道元《どうげん》は禅の魅力に取り憑《つ》かれていった。そして、禅の本場である宋（中国南部）に渡って本格的な禅を学ぼうとの願いを強くするのである。

◆入宋《につそう》と正師《しょうし》との出会い

二十四歳のとき、正伝の仏法《ぶっぽう》を求めて明全《みょうぜん》とともに入宋した。宋に着いた二人は多くの僧が修行に励んでいた天童山《てんどうざん》に登り、ときの住持《じゅうじ》だった無際《むさい》という禅師《ぜんし》のもとで修行に励んだ。

道元《どうげん》と明全《みょうぜん》は全力で参禅《さんぜん》修行に励むと同時に、禅の語録をはじめ多くの経典を熱心に読んだ。その姿を見た無際《むさい》は、何のためにそんなに必死になって参禅《さんぜん》や経典を読んでいるのかと問うた。道元《どうげん》は衆生《しゅじょう》救済のためと答えた。これに対して、無際《むさい》は禅とは何か特別な目的を持って行うものではない。参禅《さんぜん》するときは心を無にして坐禅《ざぜん》に打ち込み、学ぶときには心を無にして学び、作務《さむ》をするときには心を無にして作務《さむ》に専念する。そうすれば自《おの》ずから結果が表れると答えたという。

これには道元《どうげん》も鉄槌《てつつい》で頭を殴られる思いだった。そして、一から修行をやり直す覚悟で、天童山《てんどうざん》を下り、正師《しょうし》を求めて行雲流水の行脚の旅に出たのである。天童山《てんどうざん》を出た道元《どうげん》は正師《しょうし》を求めて阿育王山《あいくおうざん》、天台山《てんだいさん》、能仁寺《のうにんじ》など各地の霊山、名刹《めいさつ》を巡ったが、なかなか求める師に出会うことはできなかった。

そんな折しも途中で出会った老禅師《ぜんし》から、天童山如浄《てんどうさんにょじょう》の存在を告げられる。如浄《にょじょう》は無際《むさい》のあとに天童山《てんどうざん》の住持《じゅうじ》になった曹洞宗《そうとうしゅう》の禅僧《ぜんそう》である。それまで無際《むさい》が高揚した臨《りん》済宗《ざいしゅう》の宗風を一気に改めて曹洞宗《そうとうしゅう》の宗風を高揚していた。

当時、宋の高僧たちは日本と同様、名利や権勢に近づいて出世栄達を望むものが多かった。道元《どうげん》は最初に指導を受けて大きな示唆を授けられていた無際《むさい》にもそんな匂いを感じていた。だから、天童山《てんどうざん》を下りて正師《しょうし》を求めたのだった。

再び天童山《てんどうざん》に登って如浄《にょじょう》に面会した道元《どうげん》は、如浄《にょじょう》こそ自分が追い求めてきた正師《しょうし》であると確信した。いっぽう、如浄《にょじょう》も道元《どうげん》が正法を伝授するに相応《ふさわ》しい大器であることを見て取った。道元《どうげん》は如浄《にょじょう》のもとで厳しい修行に励んだ。しかし、この年、明全《みょうぜん》が客死した。明全《みょうぜん》は病を押して修行に励み、最期のときまで参禅《さんぜん》修行を敢行するという見事な最期だったという。

明全《みょうぜん》の死を泰然と受け止めた道元《どうげん》は、その後も変わることなく厳しい参禅《さんぜん》修行に励んだ。そして、その後、間もなく道元《どうげん》は遂《つい》に身心脱落《しんじんだつらく》の境地に達した。「身心脱落《しんじんだつらく》」とは参禅《さんぜん》によって得られる極めて高い境地で、身も心もなくなった軽やかな境地であるという。つまり、人間の行動や思考を拘束する身体や心が無になって、身心ともに完璧《かんぺき》な自由を獲得した悟りの境地である。

如浄《にょじょう》も道元《どうげん》が大悟《だいご》を成し遂げたことを認め、印可《いんか》を与えた。その後も二年間にわたって如浄《にょじょう》のもとで修行に励み、如浄《にょじょう》から一人前の禅の指導者として認められ、日本に宋風の純粋禅を広めるために帰国することになった。

帰国に際して如浄《にょじょう》は、日本に帰ったら禅の教化に努めること、決して権力者に近づくことなく、深山幽谷《しんざんゆうこく》に住み一人でもいいから真の弟子を育てるように、決して禅の道を絶やすことのないようにと戒《いまし》めた。道元《どうげん》は終生、この戒《いまし》めを守り、日本曹洞宗《そうとうしゅう》の繁栄の基盤を作ったのである。

◆帰国後の試練

在宋三年目に兄弟子の明全《みょうぜん》が客死し、道元《どうげん》はその遺骨を携えて帰国した。帰国後の道元《どうげん》は建仁寺《けんにんじ》に住み、宋風の純粋禅の普及に努めた。京都を中心に積極的に布教活動を行うとともに、著作にも力を入れた。そしてこのころ、曹洞宗《そうとうしゅう》開宗宣言ともいえる『普勧坐禅儀《ふかんざぜんぎ》』を著した。この書は坐禅《ざぜん》の意義や作法などを初心者向けに分かり易く説いたもので、これによって坐禅《ざぜん》の全貌《ぜんぼう》が明らかになり、その後の日本の禅に大きな影響を与えた。

建仁寺《けんにんじ》は栄西《えいさい》が天台《てんだい》、真言《しんごん》、禅《ぜん》の三宗を兼学することで朝廷の勅許を得て創建した寺である。第一章でも述べたように当時はまだまだ比叡山《ひえいざん》の干渉が厳しく、単独の禅《ぜん》宗《しゅう》寺院を創建することはできなかった。したがって、建仁寺《けんにんじ》の僧は密教《みっきょう》と禅を併修することが求められたのである。

これに対して道元《どうげん》は宋伝来の純粋禅を主張し、密教《みっきょう》を併修することを拒否したのである。この道元《どうげん》の考えはすぐに比叡山《ひえいざん》の知るところとなり、当時、勢力を持っていた僧兵たちの怒りの対象となった。僧兵たちは道元《どうげん》を都から追放しようと、大挙して建《けん》仁寺《にんじ》に押しかけた。これを事前に察知した道元《どうげん》は密《ひそ》かに建仁寺《けんにんじ》を抜け出し、洛外深草《らくがいふかくさ》(京都市伏見《ふしみ》区)の安養院《あんようい ん》(現在は廃寺になっている)に身を寄せることにした。ここでは説法と著作の日々を過ごし、道元《どうげん》の噂を聞いた多くの道俗が参集した。

天福《てんぷく》元年(一二三三)、道元《どうげん》はこの地に観音導利院《かんのんどうりいん》を開いた。そして初めての僧堂《そうどう》(坐禅《ざぜん》堂)を開き、宋朝風の純粋な禅道場とした。ここで道元《どうげん》は『弁道話《べんどうわ》』を著し、参禅《さんぜん》の目的は身心脱落《しんじんだつらく》にあり、それは只管打坐《しかんたざ》によってのみ達成できるという道元《どうげん》禅の骨格を示した。また、観音導利院《かんのんどうりいん》で弟子となった永平寺《えいへいじ》第二世の孤雲懐奘《こうんえじょう》(72ページを参照)が道元《どうげん》の言葉を筆録するようになった。これが道元《どうげん》の主著『正法眼蔵《しょうぼうげんぞう》』である。

しかし、このように道元《どうげん》が大胆に純粋禅を喧伝《けんでん》したことが、再び比叡山《ひえいざん》の忌諱《きい》に触れ、観音導利院《かんのんどうりいん》は比叡山《ひえいざん》の僧兵によって焼き討ちされた。前途を断たれた道元《どうげん》は自らが信じ、多くの道俗にも広まりつつあった禅をいかに布教すべきか思案に暮れた。そのとき、前々から道元《どうげん》に帰依《きえ》していた越前《えちぜん》（福井県北部）の豪族、波多野義重《はたのよししげ》が越前《えちぜん》の領地の一部を寄進するので、是非とも越前《えちぜん》に来て教えを広めてほしいと懇願してきた。

道元《どうげん》は冬は深い雪に覆われる越前《えちぜん》の地で布教活動ができるのか、一瞬、躊躇《ためら》った。しかし、権力に近づかず深山幽谷《しんざんゆうこく》に籠《こも》ってでも一人でもいいから弟子を養成せよとの如浄《にょじょう》の言葉を守り、波多野《はたの》氏の要請に従って越前《えちぜん》に向かう決意を固めたのだった。

◆永平寺《えいへいじ》の創建

道元《どうげん》は寛元《かんげん》二年（一二四四）、傘松峰大仏寺《さんしょうほうだいぶつじ》を建立した。ときに道元《どうげん》四十五歳。大仏寺はいまの永平寺《えいへいじ》より九キロほど山奥に入ったところに創建された。以降、道元《どうげん》はここを拠点に一人でも多くの道俗に仏祖正伝の仏法《ぶっぽう》を伝えるべく、日夜精励するとともに、精力的に著作にも励んだ。『正法眼蔵《しょうぼうげんぞう》』をはじめとする多くの著作がこの間に著された。

道元《どうげん》の名声は広く京都や鎌倉でも知られるようになり、四十八歳のときには執権北条時頼《ほうじょうときより》に請われて鎌倉に行き、時頼《ときより》に菩薩戒《ぼさつかい》を授けるとともに、多くの道俗に仏法《ぶっぽう》の真義を伝えた。このとき、時頼《ときより》から土地を寄進され、曹洞宗《そうとうしゅう》の寺院の建立を求められた。しかし数か月後、道元《どうげん》は鎌倉を去り、永平寺《えいへいじ》に戻り、二度と鎌倉に出向くことはなかった。

また、このころ後嵯峨《ごさが》天皇も彼の学徳をたたえて勅使を派遣し、紫衣《しえ》を授けた。紫《し》衣《え》は最高位の僧侶《そうりょ》に授けられるもので、これを賜ることはたいへんな名誉である。しかし、権威を嫌った道元《どうげん》はこれを三回まで辞退した。最後に仕方なく受け取ったが、終生この衣を着ることはなかったと伝えられている。

生涯を懸けて身心脱落《しんじんだつらく》にいたる只管打坐《しかんたざ》に打ち込んだ道元《どうげん》は、建長《けんちょう》五年（一二五三）の夏ごろから体調を崩し、日に日に体力が衰えていった。この年の夏が終わるころ、波多野義重《はたのよししげ》は越前《えちぜん》の厳しい気候を避けて京都で転地療養することを勧めた。道元《どうげん》はあくまで越前《えちぜん》に留《とど》まると主張したが、義重《よししげ》の再三の勧めを最後には聞き入れ、後のことを弟子の徹通義介《てっつうぎかい》に託して大仏寺《だいぶつじ》を下りた。

京都に落ち着いた道元《どうげん》は目立った活動もせず、静かに療養生活を送ったと考えられている。そして、建長《けんちょう》五年の八月二十八日、五十四年間の生涯を閉じた。道元《どうげん》亡き後は直弟子たちが法灯《ほうとう》を継ぎ、宋風の純粋禅を高揚した。そして、第五世のときに九キロほど里に近い現在地に移転し、寺号も永平寺《えいへいじ》と改めた。

また、道元《どうげん》は坐禅《ざぜん》の意義と作法を平易に述べた『普勧坐禅儀《ふかんざぜんぎ》』、三十二歳から五十四歳で遷化《せんげ》する直前までの二十三年間の法語を和文で綴《つづ》ったもので、日本人の最高の哲学書といわれる『正法眼蔵《しょうぼうげんぞう》』、宋での老典座《てんぞ》との邂逅《かいこう》により、禅の真髄をさとったことを綴った『典座教訓《てんぞきょうくん》』など多数の著作を残し、禅のみならず日本の思想、文化に多大な影響を与えた。

◆座るだけが坐禅《ざぜん》ではない

道元《どうげん》は坐禅《ざぜん》の目標は身心脱落《しんじんだつらく》の境地に達することであると主張する。そして、その境地に達するためには只管打坐《しかんたざ》によるしかないと説く。

只管打坐《しかんたざ》とは文字通りひたすら座ることに打ち込むという意味である。しかし、道《どう》元《げん》はただ座るだけが坐禅《ざぜん》ではなく、日常の行住坐臥《ぎょうじゅうざが》すべてを坐禅《ざぜん》ととらえた。つまり、掃除、洗濯、炊事、作物の耕作など、あらゆる行いを坐禅《ざぜん》とみなし、それに全身全霊を傾けることを重要視した。

道元《どうげん》は日常のさまざまな行動を御仏の計らいといい、すべての行動は人間の意思ではなく、仏の意向で動かされていると考える。だから、どんな些細《ささい》な動きも決して疎《おろそ》かにしてはならないという。このことから、とくに曹洞宗《そうとうしゅう》では作務《さむ》が重要視されるのである。

道元禅《どうげん》の原点は、宋で無際《むさい》や如浄《にょじょう》から坐禅《ざぜん》は何かの目標を達成するための方法ではなく、あらゆる行いを全身全霊を打ち込んですることに最大の意義があると戒《いまし》められたことにある。そして、もう一つの原点は宋で出会った老典座《てんぞ》が炎天下で無心にシイタケを干す姿を見たことである。座るだけが坐禅《ざぜん》ではない。心を無にして一挙手一投足に全力を傾けることが只管打坐《しかんたざ》なのである。

◆只管打坐《しかんたざ》と身心脱落《しんじんだつらく》

禅宗《ぜんしゅう》は仏祖（釈迦《しゃか》）伝来の正伝を標榜《ひょうぼう》する。道元《どうげん》ももちろん仏祖の正伝を追い求め、それを絶やさないように一人でも多くの弟子を養成することに生涯を傾けた。道元《どうげん》の仏道の目的は「身心脱落《しんじんだつらく》」にあり、そのためには「只管打坐《しかんたざ》」が必須《ひっす》とされる。「身《しん》心脱落《じんだつらく》」とは自己に執着する我執を離れ、身も心も抜け落ちたような清々《すがすが》しい悟りの境地であるという。そして、只管打坐《しかんたざ》とは文字どおりただひたすらに座ることである。

しかし、もし目指す悟りの境地に達した後はどうなるのか。かつて道元《どうげん》は比叡山《ひえいざん》でこの問題に悩み、悟りの境地に達している三世《さんぜ》の諸仏は何のために修行をするのかとの疑問を抱いたまま比叡山《ひえいざん》を下りた。

しかし、その疑問も後には「修証《しゅしょう》の一等《いっとう》」ということで解決した。この修証《しゅしょう》の一等《いっとう》とは、修行（修）と悟り（証）はもともと不可分のものであるということである。つまり、修行は悟りを目指してするものではなく、修行の中に悟りがあり、悟りの中に修行があるということである。この考え方は道元《どうげん》の思想と実践の基礎を成すもので、大悟《だいご》を得た後の、いわゆる悟後《ごご》の修行の重要性を示すものだ。

◆生死即涅槃《しょうじそくねはん》

「生死《しょうじ》」とは一般にいう生き死にではない。今、この生涯を生きていること。つまり、われわれ凡夫《ぼんぷ》（凡人）の煩悩《ぼんのう》（欲望）に包まれた生活、人生そのもののことである。

一方、涅槃《ねはん》は悟りの境地である。涅槃《ねはん》は仏教が目指す理想の境地だが、煩悩《ぼんのう》渦巻く現実の世界（生死《しょうじ》）は否定することもできないし、生死《しょうじ》があるからこそ理想としての涅《ね》槃《はん》が成り立つのである。

『大集経《だいじっきょう》』という大乗《だいじょう》仏教の経典には「常に生死即涅槃《しょうじそくねはん》を行じて、諸欲の中において実に染まることなし」とある。煩悩《ぼんのう》にまみれた現実世界にあって、常に涅槃《ねはん》を目指して精進すれば煩悩《ぼんのう》に染まることなく、やがて涅槃《ねはん》（悟りの境地）に至ることができるというのだ。

煩悩《ぼんのう》の渦巻く現実世界を離れて永遠の平安（涅槃《ねはん》）はないし、永遠の世界を離れた現実世界もない。永遠なるもの（涅槃《ねはん》、悟りの境地）の中に活《い》かされている現実世界だという認識を持ったとき、人間が生きるということがよく分かるのである。

道元《どうげん》は「この生死《しょうじ》は、すなわち仏の御いのちなり」と説いた。現実世界で苦しんだりもがいたりしているわれわれの生活、人生はすべて広大無辺な仏の懐の中にあるということだ。

◆行持道環《ぎょうじどうかん》——修行は永遠に続く

先にも述べたように、道元《どうげん》は比叡山《ひえいざん》での修行時代、すでに悟りを開いている三世の諸仏は何のために修行するのかという疑問を抱き、その答えを求めて比叡山《ひえいざん》を下り、師を求めた。これは多くの修行者が持つ共通の疑問であるが、道元《どうげん》はその答えを禅に見出《みいだ》し、自ら解消したのだった。

禅でいう大悟《だいご》、小悟《しょうご》を達成したのち、再び修行に専念することを「悟後《ごご》の修行」という。参禅《さんぜん》して悟りの境地に至った後、一から修行をはじめてさらに高い悟りの境地を求める。

仏教徒になる出発点は、今からブッダの教えに従って悟りを開こうという心を起こすこと（発菩提心《ほつぼだいしん》、略して発心《ほっしん》）である。その上で修行がはじまり、菩提《ぼだい》（悟りの境地）に近づいてゆき、最終的な目標である涅槃《ねはん》（悟りを開くこと）に至る。釈迦《しゃか》も同じプロセスで涅槃《ねはん》に達した。

しかし、道元《どうげん》は発心《ほっしん》・修行《しゅぎょう》・菩提《ぼだい》・涅槃《ねはん》は人生一回限りのことではなく、何回も何回も繰り返されるべきものだと説く。これが道元《どうげん》の主張する「行持道環《ぎょうじどうかん》」だ。つまり、螺旋《らせん》階段を登るように修行を続け、大悟《だいご》したらすぐさま踵《きびす》を返して螺旋《らせん》階段を下りて現実世界に戻り、初心に返って発心して再び螺旋《らせん》階段を登ってゆく。そうすることによってさらにレベルの高い涅槃《ねはん》の境地に至ることができる。

「行持道環《ぎょうじどうかん》」は「修証《しゅしょう》の一等《いっとう》」と一体を成すもので、人間の無限の可能性に着目したものといえよう。修行は永遠に続くのだ。

◆修証《しゅしょう》一如《いちにょ》

「修《しゅ》」は修行。「証《しょう》」は修行の成果としての証、つまり、悟りを開くこと。つまり、仏の境地だ。一般に修行は悟りに至る手段と考えられているが、仏教では手段や目的を区別しない。

そして、道元《どうげん》は「証上《しょうじょう》の修《しゅ》」ということを主張する。つまり、悟りの境地に立って、あるいは仏の立場に立って修行することが重要だというのだ。大乗《だいじょう》仏教では悉有仏《しつうぶつ》性《しょう》ということを強調する。つまり、すべての有情《うじょう》（生き物）には、仏性《ぶっしょう》、ブッダになる素質、能力が具《そな》わっているということだ。だから「山川草木悉皆成仏《さんせんそうもくしっかいじょうぶつ》」という。生き物ばかりか、山川草木《さんせんそうもく》にいたるまで悟りを開いて仏と成るということだ。

仏性《ぶっしょう》とは人間が持って生まれた純粋な精神性ということができる。人は生まれたばかりのときには無垢《むく》な精神性をもっているのだが、時間の経過とともに自我が芽生え、その純粋性は煩悩《ぼんのう》によってすっかり曇らされてしまう。いうなれば、すべての人は大きなダイヤモンドを持っているのだが、塵芥《じんかい》に覆われて単なる石ころだと思っている。

しかし、何かのきっかけでこすってみると、輝きが現れる。さらに磨くとそれがダイヤモンドであることに気付く。

証上の修とは自分が悉有仏性《しつうぶつしょう》、悉皆成仏《しっかいじょうぶつ》ということをしっかりと認識した上での修行なのである。

◆自然をこよなく愛す

森羅万象《しんらばんしょう》を仏の御いのちの営みと見なした道元《どうげん》は、自然を深く洞察し、限りない愛情を傾けている。彼は「開華葉落《かいかようらく》」などの四季の移ろいに鋭い目を向け、そこから大自然の一部としての人間のあり様を学び取ろうとした。

かつて川端康成《かわばたやすなり》はノーベル文学賞の授賞式の記念講演で、道元《どうげん》の『傘松道詠《さんしょうどうえい》』の中の一首を引いて日本人の自然に対する情緒を説明した。

春は花　夏ほととぎす　秋は月　冬雪さえて　すずしかりけり

四季折々の当たり前の自然を当たり前に愛《め》でる。そんな態度で接したとき、自然は多くの事柄をわれわれに教えてくれる。それが仏の御いのちである。日本人は万葉の時代から四季の移ろいや自然の風物に心を動かされ、そこに「もののあわれ」を観じてきた。それが日本人特有の精神構造を構築し、独特な文学や絵画などを生み出してきた。道元《どうげん》はそのような日本的精神を禅の世界で昇華させたということができるだろう。そこに道元禅《どうげんぜん》の特色がある。

道元《どうげん》の肖像画に「観月の像」という一風変わったものがある。いかにもくつろいだ様子で月を眺める不思議な画像である。無心に月を眺めるうちに、宇宙と一体となった瞬間をとらえたのかもしれない。彼は、花鳥風月すべてに仏の御いのちを見出していた。そして、それらと同化したときが身心脱落《しんじんだつらく》の境地だったのかもしれない。

コラム／一日なさざれば、一日喰らうべからず

釈迦《しゃか》の時代から仏教教団では修行僧は耕作や食事作りなど日常の雑務は在家の信者に任せて、ひたすら修行と勉学に励むことが決まりだった。いまもタイやミャンマー（ビルマ）、スリランカ（セイロン）の僧侶《そうりよ》はこの規律を守り、毎朝、托鉢《たくはつ》に出てその日の食事を在家の人々に施してもらう。

しかし、中国に禅が伝わり、禅宗《ぜんしゅう》の専門寺院が山深いところに建てられると、托鉢《たくはつ》に行くこともできず、在家の支援を受けることが不可能になった。そこで、禅宗《ぜんしゅう》では自給自足を旨とするようになり、『百丈清規《ひゃくじょうしんぎ》』の冒頭にあるように「一日なさざれば、一日喰《く》らうべからず」と言って、作務《さむ》が重要な修行の一つになったのである。

この言葉は、一日分の食料を得るためには、一日分しっかりと働きなさいという意味だ。一日、働かなければ、一日、食べないでいなさい、ということである。これはよく「働かざる者、食うべからず」という言葉と同じ意味に取られていることが多いが、こちらの方はすべての国民の労働を重視する共産主義の言葉だ。

そして、只管打坐《しかんたざ》を説き、一挙手一投足の動きを重んじる道元禅《どうげんぜん》では、炊事や洗濯、掃除から入浴や洗面、トイレでの所作《しょさ》など事細かに決められている。

農作業や薪《まき》割り、炊事など日常のあらゆる作業を全力で行う。こういった作務《さむ》を全力で行うのも只管打坐《しかんたざ》で、参禅《さんぜん》に打ち込むのとまったく同じ意味を持っている。

ちなみに、今は広く知られて用いられるようになった作務衣《さむえ》は文字通り禅宗《ぜんしゅう》の修行僧が作務《さむ》を行うときのために禅宗《ぜんしゅう》寺院で考案されたものだ。

コラム／地方武士に支えられた鎌倉時代の高僧たち

鎌倉時代、京都では天台宗《てんだいしゅう》や真言宗《しんごんしゅう》が勢力を張っており、奈良では興福《こうふく》寺《じ》をはじめとする既成宗派が依然、力を持っていた。本文でも述べたように、栄西《えいさい》も道元《どうげん》も京都で禅を普及させるには時期尚早で、結果的に京都を追われることになった。そして、道元《どうげん》を援助したのが越前《えちぜん》（福井県北部）の豪族、波多野《はたの》氏だった。

道元《どうげん》ばかりではなく、鎌倉時代の高僧たちは地方武士に帰依《きえ》を受け、その援助で活躍した人が少なくない。日蓮《にちれん》は『法華経《ほけきょう》』を信じない鎌倉幕府や他の宗派を激しく批判し、遂《つい》には佐渡《さど》に流されることになった。そして、四年後に赦免になったが、日蓮《にちれん》は再び鎌倉を訪れ幕府に元寇《げんこう》が近いことを進言するが取り入れられず、それに愛想をつかして鎌倉を去った。このとき、行く当てのない日蓮《にちれん》を救ったのが古くから日蓮《にちれん》に帰依《きえ》していた甲斐国《かいのくに》（山梨県）身延《みのぶ》の領主波木井《はきい》氏だった。

このように、中央の幕府から排斥された僧を地方武士が援助するということは江戸時代には考えられないことだった。しかし、鎌倉時代は幕府も比較的中央に近いところを固め、地方にまで勢力を伸ばさないという体制を取った。そこで道元《どうげん》や日蓮《にちれん》などの活躍の場が整ったという訳だ。

ただ、この時代にあっても権力者の援助を全く受けない僧もいた。浄土《じょうど》真宗《しんしゅう》の親鸞《しんらん》や時宗《じしゅう》の一遍《いっぺん》がその典型である。親鸞《しんらん》は越後《えちご》（新潟県）の流罪を解かれてから、常陸《ひたち》（茨城県）で二十年あまり、在俗の信者を教化し、彼らに支えられて生き続けた。そして、六十歳を過ぎたころに単身生まれ故郷の京都に帰り、九十歳で亡くなるまで赤貧洗うがごとき生活をしながら著作に専念した。

一遍《いっぺん》は三十歳代の前半で郷里の松山を飛び出し、五十一歳で亡くなるまで着の身着のままで一所不住の遊行生活を続けた。わずかに持っていたものもすべて捨て無一物で旅を続けたことから「捨て聖《ひじり》」の異名もある。

第三章　道元《どうげん》以降の曹洞宗《そうとうしゅう》

◆永平寺《えいへいじ》第二世・孤雲懐奘《こうんえじょう》

孤雲懐奘《こうんえじょう》（一一九八〜一二八〇）は藤原氏の出身で、十八歳のときに比叡山横川《ひえいざんよかわ》で出家して天台教学《てんだいきょうがく》を学び、二十四歳のときには浄土宗《じょうどしゅう》の証空《しょうくう》について浄土教学《じょうどきょうがく》を学んだ。二十六歳のころ日本達磨宗《だるましゅう》に参じ、安貞《あんてい》二年（一二二八）、三十七歳のときに二歳年下の道元《どうげん》の門下に入る。

二年後に印可《いんか》を受け、建長《けんちょう》五年（一二五三）に道元《どうげん》が亡くなるまで、献身的に仕え永平寺《えいへいじ》の創建にも貢献した。道元《どうげん》が北条時頼《ほうじょうときより》の招きで鎌倉に下向したときにも従い、旅の間も師の身の回りの世話をしたという。

道元《どうげん》が亡くなる一カ月前に道元《どうげん》が自ら縫った袈裟《けさ》を拝領し、永平寺《えいへいじ》第二世を継ぐ。道元《どうげん》が亡くなったときの心境を「肝を消して、判時ばかりは死に入り給う」と吐露し、想像を絶するショックを受けたことを窺うことができる。

道元《どうげん》亡き後は方丈《ほうじょう》に道元《どうげん》の頂相《ちんぞう》（禅宗《ぜんしゅう》の高僧の肖像）を掲げ、死ぬまで朝夕の礼拝を欠かさなかったという。また、道元《どうげん》が三十二歳から五十四歳で亡くなるまでの二十三年間の語録である『正法眼蔵《しょうぼうげんぞう》』を筆録し、三十八年間にわたって校訂して浄書した。さらに、深遠な思索や境地を説いた『正法眼蔵《しょうぼうげんぞう》』の内容を分かり易くするために自ら道元《どうげん》に質問し、答えを得た『正法眼蔵随聞記《しょうぼうげんぞうずいもんき》』をまとめた。

このほか、道元《どうげん》が師の如浄《にょじょう》の教えを記した『宝慶記《ほうきょうき》』や道元《どうげん》の語録である『永平広録《えいへいこうろく》』を編集し、道元《どうげん》以降の曹洞宗《そうとうしゅう》の発展に大いに寄与した。

◆永平寺《えいへいじ》と袂《たもと》を分かった第三世・徹通義介《てつつうぎかい》

永平寺《えいへいじ》三世の徹通義介《てつつうぎかい》（一二一九〜一三〇九）は越前《えちぜん》（福井県北部）の生まれで、若くして比叡山《ひえいざん》で修行し、天台教学《てんだいきょうがく》を学んだが、後に道元《どうげん》の門下となった。京都の建仁寺《けんにんじ》や東福寺《とうふくじ》、鎌倉の寿福寺《じゅふくじ》や建長寺《けんちょうじ》などを歴訪して臨済禅《りんざいぜん》も修学し、正元《しょうげん》元年（一二五九）に入宋《にっそう》して天童山《てんどうざん》などで修学した。在宋中に寺院の伽藍《がらん》や仏具についても研究して図録を作り、四年後に帰国した。

義介は難解な道元《どうげん》の教えを民間信仰や密教《みっきょう》なども加味して分かり易く説くことに力を入れた。このため、道元《どうげん》の教えに忠実に従った孤雲懐奘《こうんえじょう》の系統の保守派との間に溝ができた。将来、永平寺《えいへいじ》との間に確執が深まることを予測した義介は加賀大乗寺《かがだいじょうじ》を拠点として自説を説いた。加賀大乗寺《かがだいじょうじ》はもともと真言密教《しんごんみっきょう》の寺院だったが、義介《ぎかい》が改宗して禅寺《ぜんでら》とし、密教《みっきょう》の護摩《ごま》などを取り入れた新たな曹洞禅《そうとうぜん》を展開した。これが後の總《そう》持寺《じじ》派のルーツになる。

◆能登《のと》總持寺《そうじじ》を創建した瑩山紹瑾《けいざんじょうきん》

瑩山紹瑾《けいざんじょうきん》（一二六四〜一三二五）は越前《えちぜん》（福井県北部）の生まれで、母方の祖母明智の導きで永平寺《えいへいじ》三世《さんぜ》の徹通義介《てっつうぎかい》のもとで出家した。明智は道元《どうげん》が宋から帰国した直後に入門した女性で、道元《どうげん》とは深い縁《えにし》で結ばれていた。紹瑾《じょうきん》は義介《ぎかい》の法灯《ほうとう》を継ぎ、さらに紀伊《きい》（三重県南西部）の孤峰覚明《こほうかくみょう》に法を問い、その法灯《ほうとう》を継いだ。

後に徹通義介《てっつうぎかい》が開いた加賀大乗寺《かがだいじょうじ》に移って北陸の布教に努めた。知遇を得て能登《のと》（石川県北部）の諸嶽寺《もろおかでら》を禅寺《ぜんでら》に改め、後醍醐《ごだいご》天皇の帰依《きえ》を受けて「總持寺《そうじじ》」の勅額《ちょくがく》を賜ってここを官寺として、永平寺《えいへいじ》と並ぶ曹洞宗《そうとうしゅう》の根本道場とした。徹通義介《てっつうぎかい》にならって道元《どうげん》の教えを分かり易く説き、ここに曹洞宗《そうとうしゅう》は地方にも大いに普及することになった。曹洞宗《そうとうしゅう》では道元《どうげん》を高祖とし、瑩山紹瑾《けいざんじょうきん》を太祖《たいそ》として仰ぐ。

瑩山紹瑾《けいざんじょうきん》の時代に、曹洞宗《そうとうしゅう》は永平寺《えいへいじ》派と總持寺《そうじじ》派に分かれることになった。

◆民間信仰を積極的に取り入れる

徹通義介《てっつうぎかい》と瑩山紹瑾《けいざんじょうきん》は、曹洞宗《そうとうしゅう》の教えに密教《みっきょう》や民間信仰を積極的に取り入れたことで知られている。当時、密教《みっきょう》は宗派を超えて受け入れられ、民間でも護摩供養《ごまくよう》などの加持祈禱《かじきとう》が一般化していた。また、鎌倉時代の仏教は民間信仰と深く結びついて普及した。そこに目を付けたのが徹通義介《てっつうぎかい》と瑩山紹瑾《けいざんじょうきん》だった。彼らは曹洞宗《そうとうしゅう》の教えに密《みっ》教《きょう》や民間信仰を積極的に取り入れることで、民衆の間に深く入り込んでいったのである。

前述したように、徹通義介《てっつうぎかい》が開いた大乗寺《だいじょうじ》は、もとは真言宗《しんごんしゅう》の密教《みっきょう》寺院だった。そして瑩山紹瑾《けいざんじょうきん》が創建した能登の總持寺《そうじじ》の「總持」とは、密教《みっきょう》の加持祈禱《かじきとう》のことである。紹瑾《じょうきん》は護摩《ごま》などの密教《みっきょう》の修法を取り入れることによって、現世利益を望む民衆の要望に応《こた》えようとしたのだ。

◆永平寺《えいへいじ》派と總持寺《そうじじ》派の争い

曹洞宗《そうとうしゅう》は瑩山紹瑾《けいざんじょうきん》の時代に永平寺《えいへいじ》派と總持寺《そうじじ》派に分かれ、以来両派の間には争いが絶えなかった。この争いは江戸時代まで続いたが、徳川家康《とくがわいえやす》が天下を取るとその統制に尽力するようになる。

家康《いえやす》はさまざまな統制をしたが、とくに宗教に関しては寺院法度《はっと》を出して統制を強めた。その一環として本山、末寺の制を定め、各宗派に本山を定めて下部の末寺を支配させたのである。これによって、幕府の宗教政策はトップダウン方式で統制されるようになった。

徳川幕府は曹洞宗《そうとうしゅう》に対して、永平寺《えいへいじ》と總持寺《そうじじ》を同格の本山とする命令を出した。それまで加賀《かが》（石川県南部）の大乗寺《だいじょうじ》などは独立していたが、幕府の裁定によって両本山の傘下に入り、その命令に従うことになったのである。

関東の三カ寺を総僧録《そうそうろく》（僧尼の登録や僧階の任免を司《つかさど》る職掌）とし、江戸の三カ寺を触頭《ふれがしら》（幕府の命令を末寺に通達する役）とした。これによって、曹洞宗《そうとうしゅう》の勢力は北陸から関東に移り、幕府は膝下《しっか》で監督がし易くなったのである。

その一方で宗内には権威を重んじて、大寺の住職になろうと、出世栄達に血道を上げる僧侶《そうりよ》が多くなった。何度も述べたとおり、曹洞宗《そうとうしゅう》では師資相承《ししそうじょう》を重んじ、師から弟子への伝法が重視される。たとえば、道元《どうげん》の法を継いだのは懐奘《えじょう》一人といわれており、師弟の関係は終生変わることはなかった。

ところが、江戸時代に寺院の上下関係がはっきりすると、地位の高い師の許《もと》に参じて出世栄達を図ろうとする僧侶も増えてきた。この弊風《へいふう》を正そうと卍山道白《まんざんどうはく》などが立ち上がり、改革運動を起こした。

◆横浜・鶴見《つるみ》に拠点を移した總持寺《そうじじ》

總持寺《そうじじ》は瑩山紹瑾《けいざんじょうきん》によって能登《のと》(石川県北部)に創建され、その後もかの地で参禅《さんぜん》の拠点として栄えてきた。しかし、明治《めいじ》三十一年(一八九八)、不慮の火災で伽藍《がらん》の大半を焼失し、大打撃を蒙《こうむ》った。

このとき、貫首《かんしゅ》の石川素童《いしかわそどう》は、日本は開国して新しい時代を迎え、首都も東京に移った。總持寺《そうじじ》もその時代の流れに応じて首都圏に拠点を移した方が、今後の発展のためにもなると考えた。貫首《かんしゅ》の意向に能登《のと》の信徒たちは愕然《がくぜん》とし、かなり荒っぽい妨害も受けたという。しかし、貫首《かんしゅ》の意思は固く、明治《めいじ》四十四年（一九一一）に横浜の鶴見《つるみ》に移転したのである。

移転の当日は東京、横浜を中心に檀信徒《だんしんと》が何万と訪れ、花火を上げたり、旗を掲げたりして大変な賑《にぎ》わいだったと伝えられている。

◆曹洞宗《そうとうしゅう》のその他の高僧

峨山韶碩《がさんじょうせき》（一二七六～一三六六）

能登《のと》（石川県北部）の生まれで、十六歳で比叡山《ひえいざん》に登り、天台教学《てんだいきょうがく》を学んだ。比叡《ひえい》山《ざん》で六年間、修学に励んだのち山を下りた峨山《がさん》は、そのころ大乗寺《だいじょうじ》の住持《じゅうじ》だった瑩山《けいざん》紹瑾《じょうきん》に参じ、七年間の参禅《さんぜん》修行の後、三十一歳のときに瑩山《けいざん》から印可《いんか》を受けた。

その後も瑩山《けいざん》のもとで修行を続け、瑩山《けいざん》が能登に拠点を移すとこれに従い、元亨《げんこう》元年（一三二一）に瑩山《けいざん》が能登《のと》總持寺《そうじじ》を創建すると、總持寺《そうじじ》に入った。それから三年後に瑩山《けいざん》は峨山《がさん》に總持寺《そうじじ》の住持《じゅうじ》の職を譲った。以降、四十年にわたって總持寺《そうじじ》第二世を務め、弟子の指導と布教に当たった。

峨《が》山《さん》は密教《みっきょう》や民間信仰を瑩山《けいざん》以上に積極的に取り入れ、追善供養《ついぜんくよう》や密教《みっきょう》儀礼を取り入れることによって、難解な禅の思想を無理なく民衆の間に広めた。また、白山《はくさん》信仰のような山岳信仰を取り入れるとともに、真言宗《しんごんしゅう》や天台宗《てんだいしゅう》などの密教《みっきょう》系寺院を曹洞《そうとう》宗《しゅう》に改宗し、それらの寺院に元から安置されていた本尊《ほんぞん》などもそのまま礼拝の対象として敬った。

峨《が》山《さん》の尽力によって極めて開放的になった總持寺《そうじじ》には、宗派を問わず修行僧が参集し、同時に多くの在家の信徒も獲得したのである。曹洞宗《そうとうしゅう》の発展に峨《が》山《さん》が果たした役割は計り知れない。今も峨《が》山《さん》の薫陶《くんとう》を受けた總持寺《そうじじ》派の寺は開放的で、参拝者にも寛容な態度を取っている。

鈴木《すずき》正三《しょうさん》（一五七九～一六五五）

三河国《みかわのくに》加茂郡《かものこおり》足助庄《あすけのしょう》（愛知県豊田《とよた》市）で生まれ、父は松平《まつだいら》家の家臣、鈴木《すずき》重次《しげつぐ》。徳《とく》川《がわ》軍に属し、父や弟たちとともに関《せき》ケ原《はら》の戦、大坂冬の陣、夏の陣で武功を挙げ、三十七歳のときには直参《じきさん》旗本になった。

このように武功を挙げて直参《じきさん》旗本にはなったものの、正三《しょうさん》の半生は戦いに明け暮れた殺伐としたものだった。そして、戦乱の世が収まると正三《しょうさん》は自省の念に駆られるようになり、多くの禅僧《ぜんそう》を訪ね歩くようになった。そして、元和《げんな》六年（一六二〇）、四十二歳のときに三人の子どもと妻を捨てて突然出家してしまう。

それから五年間、死に至るほどの厳しい修行に専念した正三《しょうさん》は四十七歳のときに病を得る。このとき、医師だった弟の勧めで肉食をして体力を回復したという。このことを正三《しょうさん》は「恥知らずの正三《しょうさん》……今日に存命えて」といたく反省している。

その後も各地で修行を続け、寛永《かんえい》元年（一六二四）に三河《みかわ》の鈴木《すずき》家の所領の石ノ平に草庵《そうあん》を結んだ。そのころ命がけで修行に励む正三《しょうさん》の名は広く世人の知るところとなり、多くの道俗が草庵に参集し、正三《しょうさん》を「石平道人《せきへいどうじん》」と呼んで慕ったという。

寛永《かんえい》十四年（一六三七）、正三《しょうさん》が五十九歳のとき、島原《しまばら》の乱《らん》が起こった。このとき正三《しょうさん》の弟と実子が従軍し、弟の重成《しげなり》は乱後に天草《あまくさ》の代官になった。正三《しょうさん》は戦後の混乱で戸惑う人々を救済するために天草に入り、荒れ果てた土地に三十二カ寺を創建し、そのうち三十カ寺は曹洞宗《そうとうしゅう》の禅寺《ぜんでら》だった。

明暦《めいれき》元年（一六五五）、死期が迫ったことをさとった正三《しょうさん》は江戸駿河台《するがだい》の弟のところに行って最期を迎えることにした。そして、「正三《しょうさん》は三十年前に死して置きたり」という有名な言葉を残して七十七年の生涯を閉じた。凄絶《せいぜつ》な戦闘の中で武士としての生涯を閉じ、再び僧侶として蘇《よみがえ》ったという意味であろう。

戦乱の体験の中から人間存在を見つめ直し、どう生きるべきか、どうやって人々を救うかを命がけで追究した後半生だった。彼は「先祖以来、曹洞禅門《そうとうぜんもん》に属す」としながら、「道元《どうげん》和尚などを、隙の明いた人のようにこそ思わるらん、未《いま》だ仏境界に非《あら》ず」といって酷評し、本当に悟りを開いて仏の境地に達したのは釈迦《しゃか》だけだといって憚《はばか》らなかった。

正三《しょうさん》は自由闊達《かったつ》で実践主義、宗派を超えて衆生《しゅじょう》救済と布教に努めた異端の僧だった。民間に流布する因果《いんが》応報譚《おうほうたん》を集めた『因果物語』、女性や在家のために仏教の教えを易しく説いた『二人比丘尼《ににんびくに》』や『念仏草紙《ねんぶつぞうし》』など多数の著書がある。

月舟宗胡《げっしゅうそうこ》（一六一八〜一六九六）

肥前《ひぜん》（佐賀県と壱岐・対馬を除く長崎県）の生まれで、若くして出家し、諸国を巡遊して修行を積んだ。後に加賀大乗寺《かがだいじょうじ》に入って修行に励み、五十四歳のときに大乗寺《だいじょうじ》住職になった。

このころ、隠元隆琦《いんげんりゅうき》が来日して黄檗宗《おうばくしゅう》が正式に伝えられ、五代将軍・徳川綱吉《とくがわつなよし》の寄進で京都に宇治《うじ》万福寺《まんぷくじ》が創建された。幕府の保護を受けた黄檗宗《おうばくしゅう》は大きな勢力となり、臨済宗《りんざいしゅう》や曹洞宗《そうとうしゅう》の気鋭の僧侶の中にも黄檗宗《おうばくしゅう》に改宗するものが少なくなかった。そのため、宗内に動揺が走り、宗規の乱れも目立つようになった。

このことを憂慮した月舟《げっしゅう》は「祖師に還《かえ》れ」と宗門に喝《かつ》を入れ、禅寺《ぜんでら》の規律である清《しん》規《ぎ》を道元《どうげん》や瑩山《けいざん》の時代のもの（古規《こき》）によって整えようとした。これによって曹洞《そうとう》宗《しゅう》は危機を脱したのである。

まず月舟《げっしゅう》は道元《どうげん》の時代の『永平清規《えいへいしんぎ》』をもとに古規《こき》を復活し、長らく途絶えていた九十日間、集中して坐禅《ざぜん》に専念する「結制《けっせい》」を復活して宗風の高揚に努めた。厳格な禅寺《ぜんでら》の姿を取り戻した大乗寺《だいじょうじ》には全国から修行僧が集まり、厳正な清規《しんぎ》を行う「規矩《きく》大乗《だいじょう》」の禅寺《ぜんでら》として名声が高まった。

結制《けっせい》の実施から四年後に瑩山紹瑾《けいざんじょうきん》が定めた『瑩山清規《けいざんしんぎ》』を刊行、その年に卍山道白《まんざんどうはく》が大乗寺《だいじょうじ》を訪れて月舟《げっしゅう》に師事した。

卍山道白《まんざんどうはく》（一六三六〜一七一五）

備後《びんご》（広島県の東半部）の生まれで、七歳で出家後、間もなく父を亡くし、十歳のときに地元の竜興寺《りゅうこうじ》に入って一線道播《いっせんどうばん》に師事して修行に励んだ。その間に母も亡くなり、十六歳のときに師に従って江戸に上ることになった。江戸では高秀寺《こうしゅうじ》の文春禅師《ぶんしゅんぜんじ》について参禅《さんぜん》に励んだが、入門した翌年には十七歳という若さで大悟《だいご》したという。

その後、各地を巡歴して悟後《ごご》の修行に励んだ卍山《まんざん》は、三十四歳のとき加賀《かが》（石川県南部）の大乗寺《だいじょうじ》を訪れ、月舟宗胡《げっしゅうそうこ》に出会い、その門下となった。月舟《げっしゅう》は卍山《まんざん》の来訪に相好を崩して喜び「自分が汝を得たのは世尊《せそん》が迦葉《かしょう》を得、青原《せいげん》（青原行思《せいげんぎょうし》という中国唐代の禅の名僧で、六祖慧能《えのう》の法灯《ほうとう》を継ぎ、曹洞宗《そうとうしゅう》も青原《せいげん》の法系から出た）が石頭《せきとう》（青原《せいげん》行思《ぎょうし》の弟子で、山中の石上に庵《いおり》を結んで座禅《ざぜん》に励み、大いに宗風を高揚したという）を得たのと同じようなものだ。わが宗門は汝にいたって大いに栄えるだろう」といったという。

「規矩大乗《きくだいじょう》」といわれた大乗寺《だいじょうじ》の月舟《げっしゅう》をこのように絶賛させるほど、若き卍山《まんざん》は気魄《きはく》に満ちていたのだろう。延宝《えんぽう》八年（一六八〇）、卍山《まんざん》は月舟《げっしゅう》の後を継いで大乗寺《だいじょうじ》の住《じゅう》持《じ》になった。ときに四十五歳。月舟《げっしゅう》の意思を継いだ卍山《まんざん》は曹洞宗《そうとうしゅう》の改革、復興運動を推し進め、住持《じゅうじ》になって二年後には『椙樹林清規《しょうじゅりんしんぎ》』二巻を制定した。

禅門では師資相承《ししそうじょう》で秘伝が伝えられる人法を重視する。人法とは人と法（教え）の意味で、人（師）と人（弟子）との間で以心伝心《いしんでんしん》で伝えられるものだ。これに対してとくに曹洞宗《そうとうしゅう》では、それぞれの禅師《ぜんし》の伽藍《がらん》に開山の法灯《ほうとう》が付属していると考えられていた。つまり、ある寺院に入門した修行僧は印可《いんか》を受けた師との間の人法とともに、所属する禅寺《ぜんでら》の開山の教えにも忠実に従うべきだということだ。

曹洞宗《そうとうしゅう》の開創期はこの人法と伽藍法《がらんほう》は厳然と区別されていたが、しだいに乱れてその違いが曖昧《あいまい》になった。そこで、卍山《まんざん》を中心とする宗統復古派は伽藍《がらん》法の復活を強く主張した。しかし、永平寺《えいへいじ》や總持寺《そうじじ》の大本山をはじめとする大寺は伽藍《がらん》法の確立に消極的で、卍山《まんざん》の思惑通りに事は進まなかった。そこで、卍山《まんざん》は死罪をも覚悟して寺社奉行に直訴する決断をした。幕府の裁定の結果、卍山《まんざん》らの主張が認められたのである。

それから十二年後、卍山《まんざん》は坐禅《ざぜん》を組んだまま八十歳の生涯を閉じた。月舟宗胡《げっしゅうそうこ》とともに曹洞宗《そうとうしゅう》中興の祖として敬われている。

面山瑞方《めんざんずいほう》（一六八三〜一七六九）

肥後《ひご》（熊本県）の生まれで、十六歳で出家し修学に励んだ。二十一歳で江戸に上り、学寮のあった青松寺に入った。面山《めんざん》が江戸に出た年は卍山《まんざん》が宗統復古の訴訟に勝利した年で、面山《めんざん》は訴訟のために江戸に滞在していた卍山《まんざん》を訪ねて教えを請うている。

その後、卍山《まんざん》とともに宗統復古の運動を進めていた仙台の損翁宗益《そんのうそうえき》の門を叩《たた》いた。損翁《そんのう》は自他ともに厳しく律する人で、面山《めんざん》はそんな師の指導のもと、厳しい修行にもよく耐えた。しかし、二年後に損翁《そんのう》はこの世を去り、面山《めんざん》は頼りにしていた師を失うことになる。

臨終に際して損翁《そんのう》は面山《めんざん》に「永祖（永平寺《えいへいじ》の開祖、道元《どうげん》）の面を見て、他の面を見ざれ」と遺戒《いかい》したという。つまり、宗祖、道元《どうげん》の教えだけを忠実に守り、月舟宗胡《げつしゅうそうこ》や卍山道白《まんざんどうはく》のように道元《どうげん》の教義に改革を加えたものの教えには従うなという意味だ。

損翁《そんのう》は月舟《げつしゅう》や卍山《まんざん》の制定した清規《しんぎ》が黄檗宗《おうばくしゅう》の『黄檗清規《おうばくしんぎ》』に基づいていることを批判し、道元《どうげん》の『永平清規《えいへいしんぎ》』や瑩山《けいざん》の『瑩山清規《けいざんしんぎ》』に忠実に従うべきであると主張したのである。

損翁《そんのう》亡き後、面山《めんざん》はたびたび大乗寺《だいじょうじ》の卍山《まんざん》のもとを訪れて教えを受け、学問的には強く影響を受けた。後世、二人の学問は「卍面宗学《まんめんしゅうがく》」といわれて高く評価されている。しかし、清規《しんぎ》の面では損翁《そんのう》の遺戒《いかい》を忠実に守り、月舟《げつしゅう》や卍山《まんざん》の清規《しんぎ》にはあくまでも批判的態度を崩さなかった。

面山《めんざん》は五十年以上にわたって『正法眼蔵《しょうぼうげんぞう》』を研究し、その出典などを明らかにした『正法眼蔵渉典録《しょうぼうげんぞうしょうてんろく》』十六巻を著し、さらには「大般若経《だいはんにゃぎょう》」六百巻の要点を抽出して讃をつけた『大般若経逐巻係賛《だいはんにゃぎょうちくかんけいさん》』の大部の書のほか、多くの著作を残した。明和《めいわ》六年（一七六九）、建仁寺《けんにんじ》で八十七歳の生涯を閉じた。

大愚良寛《たいぐりょうかん》（一七五八〜一八三一）

越後《えちご》（新潟県）の名主、山本以南《いなん》の長男として生まれた。両親ともに和歌や俳句を好み、良寛《りょうかん》も幼少時代から文学や儒学に接する機会を得ていた。十六歳のとき、儒学を学ぶ傍ら名主見習いをすることになった。名主は地方の行政官で、地域の警察権や裁判権をも掌握する役柄だった。

しかし、そのような職掌は良寛《りょうかん》の性格に合わず、二年ほど見習いをした後に突然、出家してしまう。出家の理由についてはいろいろといわれているが、単に名主の仕事から逃れるためだったのだろう。良寛《りょうかん》が出家した寺は隣村の光照寺《こうしょうじ》という曹洞宗《そうとうしゅう》の禅《ぜん》寺《でら》で、ここは彼が幼いころに手習いに入ったところだった。

光照寺《こうしょうじ》での良寛《りょうかん》はこれという目的もなく、漫然と与えられた修行を緩やかにこなしていた。光照寺《こうしょうじ》の住職は玄乗破了《げんじょうはりょう》という人で、玄乗《げんじょう》の師は備中《びっちゅう》（岡山県西部）の名刹《めいさつ》、円通寺《えんつうじ》の住職で大忍国仙《たいにんこくせん》という人だった。たまたま、光照寺《こうしょうじ》で法要《ほうよう》があったときに国《こく》仙《せん》が訪れ、のらりくらりとした修行生活をしていた良寛《りょうかん》を、参禅《さんぜん》の目的は大悟《だいご》徹底にあり、そのためには厳しい修行を積まなければならないと諌《いさ》めた。

この言葉に良寛《りょうかん》も仏道に対する態度を改め、国仙《こくせん》の弟子になる決意をした。ときに良寛《りょうかん》二十二歳。さっそく国仙《こくせん》に従って備中玉島《びっちゅうたましま》の円通寺《えんつうじ》に行くことになった。このとき、国仙《こくせん》は修行態度は真面目とはいえないが、良寛《りょうかん》の並外れた才能を見抜いていたのかもしれない。だからこそ、良寛《りょうかん》を円通寺《えんつうじ》に連れて行くことにしたのだろう。

円通寺《えんつうじ》は加賀《かが》（石川県南部）の大乗寺《だいじょうじ》とともに「規矩大乗《きくだいじょう》」と謳《うた》われ、勅額《ちょくがく》を賜った格式の高い名刹《めいさつ》で峨山《がさん》の復興した結制も夏冬の二回、行っていた。国仙《こくせん》は良寛《りょうかん》に「一に石を曳《ひ》き、二に土を搬《はこ》ぶ」ことが道元禅《どうげんぜん》の本旨であり、作務《さむ》こそ最重要課題で、実践を離れた禅などないことを説いた。また、国仙《こくせん》から『正法眼蔵《しょうぼうげんぞう》』の拝読を許され、これを学んで道元禅《どうげんぜん》の神髄を理解した。

国仙《こくせん》の言葉に打たれた良寛《りょうかん》は厳しい修行に励んだ。このころ円通寺《えんつうじ》には五十人ほどの修行僧がいたが、大半は葬儀や法要《ほうよう》を営む職業としての僧侶《そうりょ》になるための修行で、良寛《りょうかん》のように禅の奥義を求めて参禅《さんぜん》するものは稀有《けう》だった。そのような状況の中で、良寛《りょうかん》は他の修行僧とは異質な存在になっていたと考えられる。

円通寺《えんつうじ》に来て十年余り、厳しい修行に耐えた良寛《りょうかん》は三十三歳のときについに国仙《こくせん》から印可《いんか》を授けられた。このとき、国仙《こくせん》は自らの大忍《たいにん》という号から一字をとって大愚《たいぐ》という号を良寛《りょうかん》に与えた。世俗の欲や小賢《こざか》しい浅智慧《あさぢえ》を捨てて愚鈍の身になって修行に励め、という意味が込められていた。

良寛《りょうかん》が印可《いんか》を受けた翌年の寛政《かんせい》三年（一七九一）、師の国仙《こくせん》が遷化《せんげ》した（亡くなった）。大きな傘を失った良寛《りょうかん》はその後も円通寺《えんつうじ》で修行を続けた。しかし、他の僧ともあまり折り合いが良くなく、新たに晋山《しんざん》した住職とも国仙《こくせん》のような以心伝心《いしんでんしん》の関係を結ぶことはできなかった。新住職は宗門での出世を望み、良寛《りょうかん》の才能をすぐに見抜いて彼を膝下《しっか》に置いて腹心にしようと考えた。

しかし、いうまでもなく良寛《りょうかん》にはそんな気はさらさらなかった。そして国仙《こくせん》が亡くなってから四年後の寛政《かんせい》七年（一七九五）、父が亡くなった。名主の家が没落し、それを悲観して入水《じゅすい》自殺を図ったのだ。これを機に良寛《りょうかん》は帰郷を決意し、円通寺《えんつうじ》を去ることになった。京都で父の中陰《ちゅういん》（四十九日）の法要《ほうよう》を済ました良寛《りょうかん》は高野山《こうやさん》に登って父の冥福《めいふく》を祈り、出雲崎《いずもざき》に戻った。

ときに良寛《りょうかん》、三十九歳。十七年間留守にした故郷の人々は彼の帰郷を快く迎えず、弟が継いだ実家は没落して見る影もない。仕方なくしばらくの間は浜の塩焼き小屋に入って雨露を凌《しの》いだ。その後、若いころ、ともに学び藩医となっていた原田鵲斎《はらだじゃくさい》の世話で国上山《くがみやま》の五合庵《ごごうあん》に居を移し、のちに各地の寺の空庵を転々とする生活が続いた。その間、良寛《りょうかん》はよく知られているように毎日、托鉢《たくはつ》に出ては子どもたちと手毬《てまり》をついたり、隠れん坊などをして遊んだという。

六十九歳の秋、豪農の木村元右衛門の手引きで木村邸の離れに移った。ここに貞心《ていしん》尼《に》が訪ねて来て、生涯の伴侶として晩年を過ごした。また、多くの文人墨客《ぶんじんぼっかく》と俳句や和歌、詩を作って有意義なときを過ごした。

七十一歳のとき、越後《えちご》は大地震にみまわれた。そのとき被災した旧知の友人で俳人の山田杜皐《とこう》に宛てた手紙に「災難に逢《あ》う時節には災難に逢《あ》うがよく候。死ぬ時節には死ぬがよく候。是《これ》はこれ災難を逃るる妙法にて候」という有名な言葉を残した。つまり、災難や死は逃れることができないが、そのあるがままの事実を泰然と受け止め、生き抜くための努力をすべきだということだ。

天保《てんぽう》二年（一八三一）、貞心尼《ていしんに》や木村元右衛門などの近親者に看取《みと》られ、「死にとうない」という言葉を残して七十四歳の生涯を閉じた。

「良寛《りょうかん》さん」といえば、一般には子どもと遊び、好々爺《こうこうや》のイメージで親しまれている。しかし、禅の奥義を究め、生涯をかけて仏道を追い求めた。これが良寛《りょうかん》の真の姿だった。

コラム／寒山拾得《かんざんじっとく》は禅僧《ぜんそう》か

中国の寒山寺《かんざんじ》という臨済宗《りんざいしゅう》の寺に伝わる寒山《かんざん》と拾得《じっとく》という二人の人物にまつわる伝説的な話がある。寒山《かんざん》と拾得《じっとく》は家もなく、身寄りもない。寒山寺の門前近くの野外に寝泊まりして、寒山寺の僧侶からわずかな食べ物などを施されて生活していたという。

彼らは知的能力が極めて低く、読み書きはおろか話すことも儘《まま》ならない。ところが、門前の小僧よろしく見よう見まねで坐禅《ざぜん》をすると、居並ぶ修行僧を差し置いて極めて高い境地に達したというのである。

言うまでもなく彼らは正式に出家した僧侶ではないが、もともと禅宗《ぜんしゅう》は不立文字《ふりゅうもんじ》、以心伝心《いしんでんしん》で、学問や論理的思考は何の役にも立たない。ただひたすら坐禅《ざぜん》をして己の仏性《ぶっしょう》（ブッダになる性質、可能性）を見極めるのだ。道元《どうげん》は宋に留学したとき天童山《てんどうざん》で最初に出会った無際禅師《むさいぜんし》に目的を持った修行は何の役にも立たないと教えられて開眼したという。

だから、正式な僧侶でなくても何の目的も持たないで、ひたすら坐禅《ざぜん》に打ち込めば、悟りの境地に近づくことができるのだ。中国以来、禅宗《ぜんしゅう》ではむしろそういう在家の伝説的な人々が禅の高僧と同じように敬われるようになった。寒山拾得《かんざんじっとく》もそんな人物だったと考えられている。

この話では寒山《かんざん》と拾得《じっとく》という二人の人物ということになっているが、実はこういった在家で、傍《はた》からは常規を逸した人物のように見えても、坐禅《ざぜん》を組むと俄然《がぜん》、高い境地に達する人も少なからずいたと考えられる。そういった人々のキャラクターを集約したのが寒山《かんざん》と拾得《じっとく》の二人と考えるのが妥当な見方かもしれない。

コラム／永平寺《えいへいじ》系の寺院と總持寺《そうじじ》系の寺院の違い

本文でも述べたように、永平寺《えいへいじ》は第二世の孤雲懐奘《こうんえじょう》が厳格な道元禅《どうげんぜん》を受け継いだ。『正法眼蔵《しょうぼうげんぞう》』が日本人が書いた最高の哲学書といわれるように、道元《どうげん》の思想は極めて難解で一般の人々には理解しがたい。そして、只管打《しかんた》坐《ざ》に表明されているように、その修行は極めて厳格なものだ。

そこで、第三世《さんぜ》の徹通義介《てつつうぎかい》はもっと分かり易い教えにしなければ在家の人々に広く布教することは難しく、結局、曹洞宗《そうとうしゅう》の発展に限界が出てくると考えた。義介《ぎかい》は密教《みっきょう》や民間信仰なども取り入れて道元《どうげん》の教えを軌道修正しようとしたのである。

現在、曹洞宗《そうとうしゅう》には約一万六千カ寺の末寺があるが、そのうち、約一万三千カ寺が總持寺《そうじじ》の系統、永平寺《えいへいじ》の系統は約三千カ寺と少数派になっている。これは徹通義介《てっつうぎかい》が庶民に分かり易い教えを説くことに力を入れ、その後を継いだ瑩山紹瑾《けいざんじょうきん》、さらには峨山韶碩《がさんじょうせき》がより庶民に親しみ易い教えを説いたことによると考えられ、總持寺《そうじじ》の系統の方が檀信徒《だんしんと》を獲得し易かったのだろう。

今でも永平寺《えいへいじ》は道元《どうげん》以来の厳格さを保ち、参詣者《さんけい》が修行僧にカメラを向けることや声高に談笑することを厳しく禁じている。

第四章　曹洞宗《そうとうしゅう》の主な寺院

⑬恐山
青森県
岩手県
⑭正法寺
⑮善寶寺
山形県
新潟県
㉒五合庵
群馬県
栃木県
茂林寺⑰
⑯大中寺
東京都
⑲高岩寺
⑳大洞院
神奈川県
静岡県
❻可睡斎
❺最乗寺
❷總持寺
⑱修禅寺
N

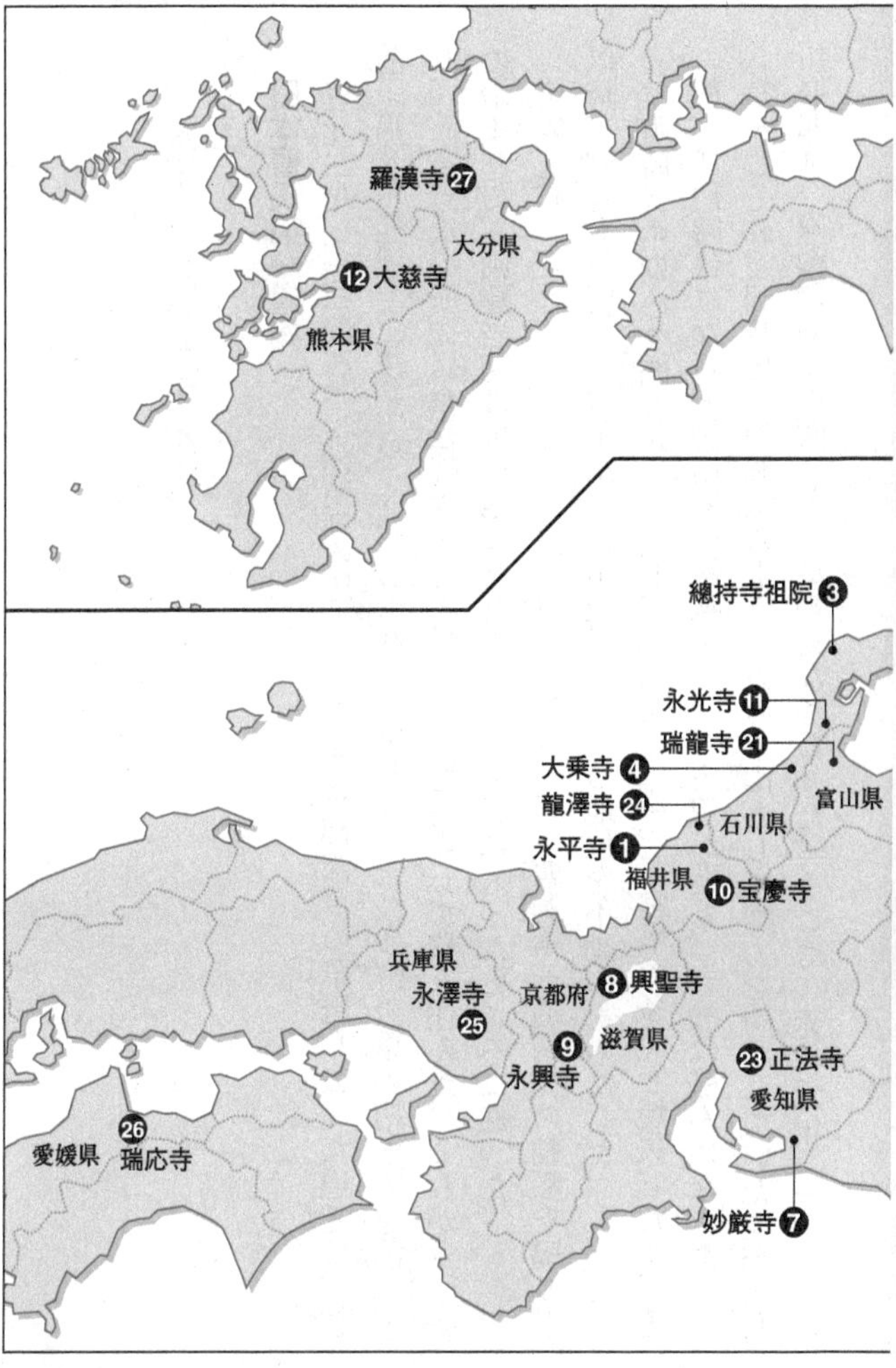
羅漢寺27
大分県
12大慈寺
熊本県
總持寺祖院3
永光寺11
瑞龍寺21
大乗寺4
富山県
龍澤寺24
石川県
永平寺1
福井県
10宝慶寺
兵庫県
永澤寺
25
京都府
8興聖寺
9
滋賀県
永興寺
23正法寺
愛知県
26
愛媛県
瑞応寺
妙厳寺7

①永平寺《えいへいじ》（曹洞宗大本山《そうとうしゅうだいほんざん》）

日本曹洞第一道場

寛元《かんげん》二年（一二四四）、延暦寺《えんりゃくじ》の圧力を受けて京都深草《ふかくさ》の草庵《そうあん》を去った道元《どうげん》は、越前《えちぜん》（福井県北部）の豪族で早くから道元《どうげん》に帰依《きえ》していた波多野義重《はたのよししげ》の招きで越前《えちぜん》に下り、波多野《はたの》氏の所領に傘松峰大仏寺《さんしょうほうだいぶつじ》と号する寺を建立《こんりゅう》して移り住んだ。これが永平寺《えいへいじ》の始まりで、創建当初は現在地より九キロほど山奥に入ったところにあった。

応安《おうあん》五年（一三七二）には、後円融《ごえんゆう》天皇から「日本曹洞《そうとう》第一道場」の勅額《ちょくがく》を賜り、以降、伽藍《がらん》も整備して曹洞宗《そうとうしゅう》の根本道場《こんぽんどうじょう》としての地位を不動のものにした。

室町時代中期の文明《ぶんめい》五年（一四七三）、火災に遭って堂塔《どうとう》の多くを焼失したが、その後、江戸時代になると徳川《とくがわ》家の保護を受けて再建が進み、寺勢は盛んになった。

しかしそれと同時に、曹洞宗《そうとうしゅう》のもう一方の本山《ほんざん》として勢力を誇示していた能登《のと》（石川県北部）の總持寺《そうじじ》との間に争いが絶えなくなった。そこで、元和《げんな》元年（一六一五）

に、徳川幕府《とくがわばくふ》は「永平寺諸法度《えいへいじしょはっと》」を作り、両山を同等の大本山《だいほんざん》として曹洞宗《そうとうしゅう》を管轄するように定めた。

その結果、永平寺《えいへいじ》と總持寺《そうじじ》はともに曹洞宗大本山《そうとうしゅうだいほんざん》として公に認められるようになったのである。

明治《めいじ》十二年（一八七九）、再び火災に遭ったが間もなく再建され、現在は三十三万平方メートル（約十万坪）に及ぶ広大な寺域に山門《さんもん》、仏殿《ぶつでん》、法堂《はっとう》などの大伽藍《だいがらん》が建ち並び、常時、百人以上の修行僧が住み込んで修行に励んでいる。

永平寺《えいへいじ》の建築

永平寺《えいへいじ》の広大な寺域には七十棟余りの堂塔《どうとう》が建ち並ぶが、山門《さんもん》などを除いてほとんどが明治《めいじ》以降に再建されたものである。

参道の入り口にある勅使門《ちょくしもん》は天保《てんぽう》十年（一八三九）の建築。この門は朝廷からの勅《ちょく》使《し》を迎える門で、ふだんは閉ざされている。

勅使門《ちょくしもん》から石段を登った先にあるのが山門《さんもん》で、寛延《かんえん》二年（一七四九）の再建。唐様《からよう》、総欅造《そうけやきづくり》の楼門《ろうもん》で、山内では最古の建築物である。正面に後円融《ごえんゆう》天皇の勅額《ちょくがく》が掛かっている。また、山門《さんもん》の向かって左には東司《とうす》（便所）、右手には浴室《よくしつ》がある。

山門《さんもん》をくぐると、向かって右手に庫裏《くり》、左手に僧堂《そうどう》がある。僧堂《そうどう》は修行僧たちが坐《ざ》禅《ぜん》を組むところで、坐《ざ》禅堂《ぜんどう》とも呼ばれている。

さらには山門《さんもん》正面には中雀門《ちゅうじゃくもん》、その奥に仏殿《ぶつでん》、法堂《はっとう》が一直線に並び、山内の建物はすべて回廊で結ばれている。

参拝と参籠《さんろう》

永平寺《えいへいじ》の参詣《さんけい》の仕方には参拝と参籠《さんろう》とがある。参拝とは山内を見学すること、参籠《さんろう》は僧坊《そうぼう》に宿泊することである。

参拝できるのは仏殿《ぶつでん》、法堂《はっとう》、庫裏《くり》、東司《とうす》、浴室《よくしつ》などで、案内の僧侶《そうりょ》の指示にしたがって行われる。

また、参籠《さんろう》は吉祥閣《きっしょうかく》や傘松閣《さんしょうかく》などの宿坊に泊まって、雲水《うんすい》（修行僧）と同じ生活をすることである。夏期は午前三時、冬期は同四時に起床し、朝の勤経《ごんぎょう》にはじまって、食事は雲水《うんすい》と同じ簡素なものを食べる。

・住所／福井県吉田郡永平寺町志比五―一五

・アクセス／JR福井駅から、えちぜん鉄道永平寺口駅まで二十五分、永平寺までバス約十分

②總持寺《そうじじ》（曹洞宗大本山《そうとうしゅうだいほんざん》）

元亨《げんこう》元年（一三二一）、瑩山紹瑾《けいざんじょうきん》（74ページを参照）がもともと能登《のと》（石川県北部）の地にあった諸嶽寺《もろおかでら》観音堂を改装して總持寺《そうじじ》と号した。その後、曹洞宗《そうとうしゅう》は永平寺《えいへいじ》派と總《そう》持寺《じじ》派に分かれて対立もあったが、總持寺《そうじじ》は発展し、多くの修行僧や檀信徒《だんしんと》が集まって栄えた。

しかし、明治《めいじ》三十一年（一八九八）に火災に遭い、伽藍《がらん》のほとんどを焼失。この事態にときの貫首《かんしゅ》、石川素童《いしかわそどう》は能登《のと》は交通の便が悪く、明治になって開国したことでもあり、首都圏への移転を決意した。

これには地元の寺院や檀信徒《だんしんと》などから反対も多かったが、素童《そどう》の決意は固く、同四十四年（一九一一）に横浜鶴見《つるみ》に移転した。

・住所／神奈川県横浜市鶴見区鶴見二―一―一
・アクセス／JR鶴見駅から徒歩約五分、京浜急行線京急鶴見駅から徒歩約七分

③總持《そうじ》寺《じ》祖《そ》院《いん》（能登《のと》總持《そうじ》寺《じ》）

もとは諸嶽寺《もろおかでら》という行基《ぎょうき》が開いたという寺で、後に真言宗《しんごんしゅう》になったという。元亨《げんこう》元年（一三二一）、ときの住持《じゅうじ》が瑩山紹瑾《けいざんじょうきん》に帰依《きえ》して寺を譲り、紹瑾《じょうきん》が禅寺《ぜんでら》に改めて諸嶽山總持寺《がくさんそうじじ》と号した。翌年には後醍醐《ごだいご》天皇が十項目からなる質問を提出し、これに紹瑾《じょうきん》が悉《ことごと》く答えたことから、その褒賞として「日本曹洞賜紫出世之道場」の扁額《へんがく》を賜った。その後、紹瑾《じょうきん》は諸堂を整備するとともに、正中《しょうちゅう》元年（一三二四）には「諸嶽山《しょがくさん》十条之亀《き》鏡《けい》」の寺制を定めた。

その後、第二世を継いだ峨山韶碩《がさんじょうせき》がさらに伽藍《がらん》を整備し、「能登国《のとのくに》の大本山《だいほんざん》」と呼ばれるようになった。室町時代には能登《のと》の畠山《はたけやま》、長谷部《はせべ》両氏の帰依《きえ》を受けて発展する。元亀《げんき》元年（一五七〇）、火災により堂塔《どうとう》の大半を焼失したが、ときの領主、前田家の援助で再興。明暦《めいれき》三年（一六五七）には寺領四百石を拝領した。創建当初から永平寺《えいへいじ》との間に争いが絶えなかったが、元和《げんな》元年（一六一五）、徳川家康《とくがわいえやす》が両寺を同格の大本山《だいほんざん》と定め、双方に千両を寄進した。

明治三十一年（一八九八）、不慮の火災により七十余りの堂塔《どうとう》を焼失。同四十四年

（一九一一）に横浜の鶴見《つるみ》に移った。

しかし、その後も能登總持寺《のとそうじじ》は伽藍《がらん》を再建して總持寺祖院《そうじじそいん》として残った。寛文《かんぶん》三年（一六六三）に前田家が寄進した輪蔵《りんぞう》などわずかな建物が火災を免れ、往時を偲《しの》ぶことができる。

・住所／石川県輪島市門前町門前一―一八

・アクセス／のと鉄道穴水駅よりバス二十分

④大乗寺《だいじょうじ》（徹通義介《てつつうぎかい》が禅寺《ぜんでら》に改めた寺）

永平寺《えいへいじ》第三世の徹通義介《てつつうぎかい》が加賀国《かがのくに》（石川県南部）の守護、富樫《とがし》氏の帰依《きえ》を受け、正応《しょうおう》二年（一二八九）に加賀国《かがのくに》最初の曹洞宗寺院《そうとうしゅう》として開いた。義介《ぎかい》の後を瑩山紹瑾《けいざんじょうきん》が継ぎ、室町時代には足利《あしかが》将軍家の帰依《きえ》を受け、後柏原《ごかしわばら》天皇の勅願寺《ちょくがんじ》ともなって大いに栄えた。

しかし、一向一揆《いっこういっき》によって富樫《とがし》氏が敗れて没落すると寺勢は一気に衰え、柴田勝頼《しばたかつより》の兵火によって伽藍《がらん》はすべて焼け落ちた。一時は金沢周辺を転々としたが、江戸時代になって月舟宗胡《げっしゅうそうこ》、卍山道白《まんざんどうはく》が入寺したことによって復興し、「規矩大乗《きくだいじょう》」と呼ばれて重きを置かれるようになる。

そして、元禄《げんろく》十年（一六九七）、金沢藩の家老、本多政均《まさちか》の帰依《きえ》を受け、現在地に伽藍《がらん》を建立《こんりゅう》した。以降、本多家の祈願寺《きがんじ》として栄え、寺領二百石を授けられた。しかし、明治維新《めいじ》のときに寺領の三分の二を没収され、現在の寺域は六千坪ほどである。総門《そうもん》を潜るとモミの木の巨樹が鬱蒼《うっそう》と茂り、樹下が厚い苔《こけ》に覆われた境内は森閑とした空気に包まれている。総門《そうもん》の先に山門《さんもん》、仏殿《ぶつでん》、法堂《はっとう》が続く。法堂《はっとう》の奥には僧堂《そうどう》（坐禅堂《ざぜん》）があり、今も十数人の雲水《うんすい》がここで坐禅《ざぜん》をする。霊屋《たまや》の聯芳堂《れんぽうどう》には道元《どうげん》、懐奘《えじょう》、徹通義介《てっつうぎかい》の宗門三代の遺骨が納められている。また、境内の墓地には加賀《かが》藩家老本多家歴代の墓など由緒ある墓所が多い。

・住所／石川県金沢市長坂町ルー一〇

・アクセス／JR金沢駅よりバス市民病院前下車、徒歩二十分

⑤最乗寺《さいじょうじ》（大雄山《だいゆうざん》）

金太郎で有名な箱根《はこね》近くの足柄山《あしがらやま》の山中の鬱蒼《うっそう》とした杉木立のなかに伽藍《がらん》が並ぶ。応永《おうえい》元年（一三九四）、曹洞宗《そうとうしゅう》中興の祖として仰がれる峨山韶碩《がさんじょうせき》の法灯《ほうとう》を継ぐ了庵慧《りょうあんえ》

明《みよう》が開いた。

了庵《りようあん》は相模国《さがみのくに》(神奈川県)の生まれで若くして出家し、各地を巡遊して修行し、五十代で相模《さがみ》に帰った。あるとき、了庵《りようあん》は大鷲《おおわし》に袈裟《けさ》を剝《は》ぎ取られ、それを追っていくと大鷲《おおわし》は足柄山《あしがらやま》中に飛んで行って袈裟《けさ》を松の大木の枝にかけて飛び去ったという。この奇瑞《きずい》に驚嘆した了庵《りようあん》はこの地に一宇を建立《こんりゆう》することにしたという。

このとき、三井寺《みいでら》で修行していた修験者《しゆげんじや》の道了《どうりよう》がこのことを知り、空を飛んでやって来て伽藍《がらん》の建立《こんりゆう》を助けたという。そして、応永《おうえい》十八年(一四一一)に了庵《りようあん》が亡くなると、当山の守護となることを誓い、大天狗《おおてんぐ》になって山中深くに身を隠した。最乗寺《さいじようじ》が「道了尊《どうりようそん》」あるいは「道了《どうりよう》さん」の名で親しまれているのは、この道了《どうりよう》の逸話に由来する。

本堂から急な階段を登ったところに御真殿《ごしんでん》という建物があり、そこに道了大薩埵《どうりようだいさつた》としてまつられている。そして、御真殿《ごしんでん》の前には天狗の羽団扇《うちわ》と大小の鉄製の下駄《げた》がまつられている。また、道了大薩埵《どうりようだいさつた》は十一面観音の化身とされ、御真殿《ごしんでん》からさらに長い階段を登った奥の院には本地仏《ほんじぶつ》の十一面観音がまつられている。

最乗寺《さいじようじ》は大本山總持寺《だいほんざんそうじじ》の直系の末寺で今も四千余りの傘下の禅寺《ぜんでら》を持つ。常時、二十人ほどの雲水《うんすい》が修行する曹洞宗《そうとうしゆう》の専門道場(僧堂《そうどう》)として重きを置かれている。

・住所／神奈川県南足柄市大雄町一一五七
・アクセス／伊豆箱根鉄道大雄山線大雄山駅からバス十分、道了尊下車

⑥可睡斎《かすいさい》（日本一のトイレで有名）

応永《おうえい》八年（一四〇一）、如仲天誾《じょちゅうてんぎん》が開いた禅寺《ぜんでら》で、天竜川の中流近くにある。寺号には次のような由来がある。

可睡斎《かすいさい》第十一世の仙麟等膳《せんりんとうぜん》は幼いころから今川義元《いまがわよしもと》の人質だった徳川家康《とくがわいえやす》の世話をし、解放されるきっかけを作った。後に家康《いえやす》が浜松城を築城したとき、大恩ある仙麟《せんりん》を城に招いた。

仙麟《せんりん》は常日頃から居眠りをする癖《くせ》があり、このときも城に上がって家康《いえやす》の前に着座するやすぐに居眠りをはじめた。これを見た家臣たちがその無礼を諌《いさ》めると、家康《いえやす》は家臣たちを抑えて「和尚！　存分に眠る可《べ》し」といったという。これが可睡斎《かすいさい》の名の由来である。後に可睡斎《かすいさい》は伊豆《いず》、駿河《するが》、遠江《とおとうみ》、三河《みかわ》の四カ国の寺院を傘下に置き、十万石の寺領を授けられた。今も大本山總持寺《だいほんざんそうじじ》と並ぶ寺格を有する。

明治《めいじ》十二年（一八七九）、天竜川上流の秋葉《あきは》神社から火伏《ひぶせ》の神として厚く信仰され

ていた三尺坊大権現《さんじゃくぼうだいごんげん》を移しまつった。神仏習合色の強い三尺坊大権現《さんじゃくぼうだいごんげん》は明治《めいじ》の神仏分離政策により、秋葉《あきは》神社から排除されたのである。

また、可睡斎《かすいさい》のトイレには烏枢沙摩明王《うすさまみょうおう》がまつられ、日本一のトイレとして知られている。烏枢沙摩明王《うすさまみょうおう》は火頭金剛《かとうこんごう》とも呼ばれ、火伏《ひぶせ》の守護神でもあり、凄《すさ》まじい炎で不浄なものを焼き尽くすということから、不浄を清浄にする神としても信仰されている。このことからとくにトイレにまつられているのだ。

・住所／静岡県袋井市久能二九一五—一
・アクセス／JR袋井駅からバス十分、可睡下車

⑦妙厳寺《みょうごんじ》（豊川稲荷《とよかわいなり》）

豊川稲荷《とよかわいなり》の名で知られている妙厳寺《みょうごんじ》は、豊川閣妙厳寺《とよかわかくみょうごんじ》というれっきとした曹洞宗《そうとうしゅう》の禅寺《ぜんでら》である。嘉吉《かきつ》元年（一四四一）、寒巌義尹《かんがんぎいん》の法系の東海義易《とうかいぎえき》が開いた。

寒巌《かんがん》の二度目の入宋《にっそう》の帰りの船中で白狐《びゃっこ》にまたがった神が現れ、「わたしは荼枳尼天《だきにてん》である。これからお前の教えを護《まも》り、お前の教えに従うものを護って安楽を授けてあげよう」といって消え去ったという。帰国した寒巌《かんがん》はその神の姿を仏師に彫らせ、

護法の守護神として肥後《ひご》（熊本県）の大慈寺《だいじじ》にまつった。

東海義易《とうかいぎえき》は妙厳寺《みょうごんじ》を創建するにあたり、寒巌《かんがん》がもたらした荼枳尼天《だきにてん》をまつり、伽藍《がらん》の守護とした。また、妙厳寺《みょうごんじ》が豊川稲荷《とよかわいなり》として全国に知られるようになったのは次のような経緯による。

荼枳尼天《だきにてん》はインドの神話に出てくる鬼神《きじん》で、人の死を六カ月前に予知し、その人が亡くなると急行して心臓を抉《えぐ》り出して喰《く》らうという。このことから日本では死肉を漁《あさ》り特異な習性を持った狐と同一視されるようになった。そして、狐は稲荷神《いなりがみ》の使いだったので、狐、稲荷《いなり》、荼枳尼天《だきにてん》が同一視されるようになったのである。

室町時代末から江戸時代にかけて稲荷《いなり》信仰が盛んになると、庶民は荼枳尼天《だきにてん》をまつる妙厳寺《みょうごんじ》をかってに稲荷《いなり》社として信仰するようになり、妙厳寺《みょうごんじ》は脇に置いてもっぱら豊川稲荷《とよかわいなり》として信仰されるようになったのである。

戦国時代には今川義元《いまがわよしもと》が山門《さんもん》を造営して寺領を寄進し、徳川家康《とくがわいえやす》も関ケ原の戦の戦勝を祈願《きがん》した。さらには江戸の大岡越前守忠相《おおおかえちぜんのかみただすけ》が江戸の自邸に妙厳寺《みょうごんじ》から荼枳尼天《だきにてん》を勧請《かんじょう》してまつって江戸庶民の信仰を集めた。明治《めいじ》維新後は赤坂表町（現・元赤坂）に奉祀《ほうし》して豊川稲荷《とよかわいなり》別院とした。

境内奥には狐塚があり、二万体といわれる狐の石像が所狭しと並ぶ。

・住所／愛知県豊川市豊川町一番地
・アクセス／JR豊川駅または名鉄豊川稲荷駅下車、徒歩三分

⑧興聖寺《こうしょうじ》（道元《どうげん》が最初に開いた参禅《さんぜん》道場が前身）

天福《てんぷく》元年（一二三三）、道元《どうげん》が京都の深草《ふかくさ》に開いた観音導利《かんのんどうり》興聖宝林禅寺《こうしょうほうりんぜんじ》が前身。宝林禅寺《ほうりんぜんじ》は道元《どうげん》が越前《えちぜん》（福井県北部）に移った後、廃絶した。その後、慶安《けいあん》元年（一六四八）に淀《よど》城主の永井尚政《なおまさ》が両親の菩提《ぼだい》を弔うために万安英種《ばんなんえいしゅ》を開山に宝林禅寺《ほうりんぜんじ》の跡地に再興して菩提寺《ぼだいじ》とした。

永井氏の保護のもと興聖寺《こうしょうじ》は隆盛を極め、百八の末寺を持つ本山閣となり、山城《やましろ》、大和《やまと》、和泉《いずみ》、河内《かわち》の触頭《ふれがしら》として重きを置かれた。しかし、永井氏の国替《くにがえ》に伴って寺領は幕府に没収され、延享《えんきょう》四年（一七四七）には幕府の命により永平寺《えいへいじ》の末寺となった。宇治《うじ》川西岸の風光明媚《めいび》な地にあり、宇治《うじ》十二景の一つに選ばれている。

・住所／京都府宇治市宇治山田二七―一
・アクセス／京阪電鉄宇治線「京阪宇治駅」下車、徒歩約十分

⑨永興寺《ようこうじ》（道元《どうげん》を荼毘《だび》に付した場所に建てられた寺）

道元《どうげん》は建長《けんちょう》五年（一二五三）、永平寺《えいへいじ》を下りて京都で療養することになった。しかし、その年にこの世を去った。永興寺《ようこうじ》はもともと道元《どうげん》が荼毘《だび》に付された場所で、後にそのゆかりの地に道元《どうげん》の法灯《ほうとう》を継ぐ詮慧《せんね》が草庵《そうあん》を結び、永興庵《ようこうあん》と号した。経豪《きょうごう》が二世を継いだが、その後は衰退し、各地を転々とした。江戸時代になって面山瑞方《めんざんずいほう》が再興したが、間もなく廃寺となった。大正《たいしょう》時代になって村上素道《むらかみそどう》は復興を志し、永平寺《えいへいじ》に働きかけたが果たせなかった。しかし、復興を求める声は強く、平成八年（一九九六）、山門《さんもん》と本堂が再建されて復興した。

・住所／京都市山科区御陵大岩一五
・アクセス／地下鉄御陵駅下車、徒歩七分

⑩宝慶寺《ほうきょうじ》（道元《どうげん》の弟子の中国僧が開山）

開山は中国僧の寂円《じゃくえん》。寂円《じゃくえん》は道元《どうげん》が宋に留学したとき、天童山如浄《てんどうさんにょじょう》のもとで共に学んだ人で、安貞《あんてい》二年（一二二八）、道元《どうげん》を慕って来日した。道元《どうげん》のもとで修行に励み、懐奘《えじょう》から印可《いんか》を受けた。その後、悟後《ごご》の修行に励み深山に籠《こも》って石上で坐禅《ざぜん》すること十八年。その徳を慕って地元の豪族、伊自良《いじら》氏が帰依《きえ》して土地を寄進し、寂円《じゃくえん》を開山として開いたのが宝慶寺《ほうきょうじ》の起源である。

弘安《こうあん》元年（一二七八）、七堂伽藍《がらん》が造営された。正安《しょうあん》元年（一二九九）、開山の寂円《じゃくえん》が没すると、義雲《ぎうん》が宝慶寺《ほうきょうじ》二世についた。義雲《ぎうん》は文永《ぶんえい》四年（一二六七）から約五十年にわたって続いた三代相論（道元《どうげん》、懐奘《えじょう》の正統を護る保守派と、徹通義介《てっつうぎかい》の法灯《ほうとう》を継ぐ改革派との論争で、義介《ぎかい》を永平寺《えいへいじ》第三世と認めるかどうかが争点となった。宗門を挙げての激しい論争に翻弄《ほんろう》されて衰退する寺も多かった）で衰退した永平寺《えいへいじ》の立て直しのために永《えい》平寺《へいじ》五世として晋山した。このことから、宝慶寺《ほうきょうじ》の寺格は高まり大いに栄えたが、天《てん》正《しょう》の一向一揆《いっこういっき》で兵火を蒙《こうむ》り、一山焼失した。

その後、衰退したが細々と命脈をつなぎ、明治《めいじ》になってようやく伽藍《がらん》が整備された。「日本曹洞宗《そうとうしゅう》第二道場」として重きを置き、現在も厳格な修行道場としての威容を保っている。また、当寺に納められている道元の肖像画「観月の像」は有名である（14、67ページを参照）。

・住所／福井県大野市宝慶寺一―二

・アクセス／JR福井駅よりバス大野駅前下車

⑪永光寺《ようこうじ》（瑩山紹瑾《けいざんじょうきん》創建の寺）

正和《しょうわ》元年（一三一二）、瑩山紹瑾《けいざんじょうきん》が地頭の酒匂《さかわ》氏から土地を寄進されて開いた禅寺《ぜんでら》。瑩山《けいざん》はこの地を生涯幽棲《ゆうせい》の地と定めたという。その後、足利尊氏《あしかがたかうじ》、直義《ただよし》兄弟が南北朝の騒乱で犠牲になった人々の菩提《ぼだい》を弔うための利生塔《りしょうとう》を各地に建てたが、永光寺《ようこうじ》には三重塔が建立された。

応仁《おうにん》の乱《らん》の兵火に遭い、三十余りの堂塔《どうとう》と二十を超える坊は悉く《ことごと》灰燼《かいじん》に帰した。その後、後土御門《ごつちみかど》天皇の発願で再興されたが、戦国時代末期には上杉の能登《のと》攻めで再び戦火を蒙った。現在の伽藍《がらん》は江戸時代に再建されたもので、山門《さんもん》、法堂《はっとう》、庫裏《くり》、僧堂《そうどう》（坐禅堂《ざぜんどう》）などが建ち並び、これらの建物が回廊で結ばれる永平寺《えいへいじ》に準じた伽藍《がらん》配置だが、とくに永光寺《ようこうじ》式伽藍《がらん》配置と呼ばれている。

・住所／石川県羽咋《はくい》市酒井町イ―一一
・アクセス／JR羽咋駅からバス寺境下車、徒歩十五分

⑫大慈寺《だいじじ》（順徳《じゅんとく》天皇の皇子《みこ》が創建した寺）

道元《どうげん》の弟子の寒巌義尹《かんがんぎいん》が弘安《こうあん》元年（一二七八）に地頭の河尻泰明《かわじりやすあき》の寄進を受けて開いた禅寺《ぜんでら》で、熊本県で最古の曹洞宗《そうとうしゅう》寺院である。寒巌義尹《かんがんぎいん》は承久《じょうきゅう》の乱《らん》で連座して罪に問われた順徳《じゅんとく》天皇の第三皇子《みこ》ともいわれ、「法皇長老」と呼ばれていた。また、寒巌《かんがん》義尹《ぎいん》から六代目の法系が妙厳寺《みょうごんじ》（豊川稲荷《とよかわいなり》）を創建した（105ページを参照）。

寒巌《かんがん》は二度入宋した後、九州一円に曹洞宗《そうとうしゅう》寺院を開き、架橋や道路の整備、広大な土地を開墾《かいこん》して田地とした。こうした寒巌《かんがん》の社会事業は地元に大きな恩恵をもたらした。今も地元の人々は春秋の彼岸《ひがん》のときに米や布施《ふせ》を「回向袋《えこうぶくろ》」という白い布の袋に入れて寒巌《かんがん》の仏前に供える風習を残しているという。

また、大慈寺《だいじじ》は亀山《かめやま》上皇から紫衣《しえ》を賜り、勅願寺《ちょくがんじ》として歴代天皇の厚い帰依《きえ》を受けた。たびたび火災に遭って伽藍《がらん》を焼失したが、その都度、再建されて現在に至っている。第二次大戦後、連合国軍による農地解放で寺領を没収され荒廃したが、昭和四十二年（一九六七）に仏殿《ぶつでん》、山門《さんもん》、大講堂を修復。加えて法堂《はっとう》、坐禅《ざぜん》堂、鐘楼《しょうろう》などを新築して旧観を取り戻すに至った。今も三百八十余りの傘下の寺院を抱える大寺である。

・住所／熊本県熊本市南区野田一─七─一
・アクセス／JR川尻駅からバス大慈禅寺前下車、徒歩五分

⑬恐山《おそれざん》（最北の霊場）

恐山《おそれざん》は青森県北部の下北《しもきた》半島に位置し、標高八二八メートルの大尽山《おおつくし》を中心に峰々が続く。この峰々が胎蔵界曼荼羅《たいぞうかいまんだら》の中心にある蓮華《れんげ》八葉院にたとえられ、極楽浄土《ごくらくじょうど》に見立てられている。山々に囲まれたすり鉢状の盆地にはコバルト色の水を湛《たた》えた宇曾《うそ》利湖《りこ》がある。宇曾《うそ》利湖《りこ》の北岸一帯は緑豊かな山々とは対照的に草一本生えず、間欠泉が噴出する荒涼とした光景は地獄にたとえられる。

平安時代のはじめに第三代天台座主《てんだいざす》の慈覚大師《じかくだいし》円仁《えんにん》によって開かれた。もともと天《てん》台宗《だいしゅう》の寺で、修験《しゅげん》道場として栄えたが、康正《こうしょう》四年（一四五八）の蠣崎蔵人《かきざきくろうど》の乱《らん》で兵火を浴び、閉山した。その後、享禄《きょうろく》三年（一五三〇）に田名部《たなぶ》の曹洞宗《そうとうしゅう》寺院、円通寺《えんつうじ》の宏智《こうち》聚覚《じゅがく》が再興し、釜臥山菩提寺《かまぶせざんぼだいじ》と号した。

日本三大霊場として知られ、夏の恐山《おそれざん》大祭では大勢のイタコ（霊媒師）が押し寄せ、口寄せが行われることで有名である。

・住所／青森県むつ市田名部宇曾利山三―二
・アクセス／JR下北駅からバス恐山下車

⑭正法寺《しょうぼうじ》（伊達《だて》家が帰依《きえ》した東北の名刹《めいさつ》）

貞和《じょうわ》四年（一三四八）、峨山韶碩《がさんじょうせき》の二十五哲の一人、無底良韶《むていりょうしょう》が開いた。永平寺《えいへいじ》、總持寺《そうじじ》に次ぐ「曹洞宗《そうとうしゅう》第三の本寺」として重きを置かれ、嘉吉《かきつ》元年（一四四一）には後花園《ごはなぞの》天皇から「賜紫出世道場」の勅許を得た。末寺、一千カ寺を数える大寺として栄えた。伊達《だて》家の帰依《きえ》を受けて伽藍《がらん》を整備し、寺領七十五石を拝領した。

本堂と僧堂《そうどう》は大屋根で覆われ日本最大の茅葺《かやぶき》屋根として知られている。本尊《ほんぞん》は如意《にょい》輪観音《りんかんのん》。僧堂《そうどう》には木像僧形坐像《そうぎょうざぞう》が修行僧のご意見番としてまつられている。總持寺《そうじじ》派の寺院らしく開放的な雰囲気の禅寺《ぜんでら》である。

・住所／岩手県奥州市水沢区黒石町字正法寺一一二九
・アクセス／JR水沢駅からバス正法寺下車

⑮善寶寺《ぜんぽうじ》（曹洞宗《そうとうしゅう》三大祈禱寺《きとうじ》）

平安時代に天台宗《てんだいしゅう》の妙達《みょうたつ》という僧侶《そうりょ》がこの地で『法華経《ほけきょう》』を読誦《どくじゅ》したところ、二匹の龍がやってきて熱心に聞き入った。この奇瑞《きずい》に歓喜した妙達《みょうたつ》は一宇を建立したという。

その後、鎌倉時代末に峨山韶碩《がさんじょうせき》が来山すると、またもや龍が現れて峨山《がさん》を迎えた。峨山《がさん》はこの二匹の龍に戒《かい》を授けたという。そして、峨山《がさん》の法系の太年浄椿《たいねんじょうちん》が永享《えいきょう》十二年（一四四〇）に諸堂を再建して復興したとき、三度、二匹の龍が現れた。そこで、浄椿《じょうちん》は龍王殿を建立《こんりゅう》して山門《さんもん》の守護とした。

全国に分布する龍神信仰によって盛んな信仰を集め、稲荷《いなり》信仰の妙厳寺《みょうごんじ》、天狗《てんぐ》信仰の最乗寺《さいじょうじ》とともに曹洞宗《そうとうしゅう》の三大祈禱寺《きとうじ》として信仰を集めている。龍神は水の神で漁業関係者の信仰が強い。

・住所／山形県鶴岡市下川字関根一〇〇
・アクセス／ＪＲ鶴岡駅からバス善寶寺下車

⑯大中寺《だいちゅうじ》（徳川幕府が保護した関三刹《かんさんせつ》のひとつ）

延徳《えんとく》元年（一四八九）、永平寺《えいへいじ》第十一世、快庵妙慶《かいあんみょうけい》が小山《おやま》城主、小山重長《おやましげなが》を開基に開いた寺。快庵《かいあん》は気骨のある快僧で、その禅風《ぜんぷう》を慕って二百人、三百人と修行僧が集まり、大いに栄えた。

また、大中寺《だいちゅうじ》第六世の快叟《かいそう》は上杉謙信《けんしん》の叔父《おじ》にあたり、北条氏《ほうじょう》と謙信《けんしん》の戦いのとき、快叟《かいそう》が仲介して大中寺《だいちゅうじ》で和議を結んだ。そして、徳川時代になると大僧録となり、埼玉県の龍穏寺《りゅうおんじ》、千葉県の総寧寺《そうねいじ》とともに「関三刹《かんさんせつ》」として勢力を誇った。僧録は僧侶の登録や住職の任免などを統括する寺で、江戸時代を通じて関東の曹洞宗《そうとうしゅう》寺院は関三《かんさん》刹《せつ》の支配下にあった。

さらに近年になって昭和の名禅師《ぜんし》として知られる澤木《さわき》興道《こうどう》が天暁禅苑《てんぎょうぜんえん》を開き、多くの門下が育った。

また、大中寺《だいちゅうじ》には多くの伝説が伝えられている。開山の快庵《かいあん》は上田秋成《あきなり》の怪奇小説『雨月物語』に登場する「青頭巾《あおずきん》」のモデルといわれている。このほか、油坂、枕返しの間、不開《あかず》の雪隠《せっちん》などの七不思議が伝えられている。

・住所／栃木県栃木市大平町西山田二五二
・アクセス／JR大平下駅下車、徒歩二十五分

⑰茂林寺《もりんじ》（分福茶釜《ぶんぶくちゃがま》の寺）

応仁《おうにん》二年（一四六八）、青柳城主、赤井正光《まさみつ》が大林正通《だいりんしょうつう》を開山に迎えて創建した。元亀《げんき》元年（一五七〇）、茂林寺《もりんじ》第七世の月舟《げっしゅう》のときに多くの僧侶が集って読経《どきょう》などをする一千人法会《ほうえ》が行われたが、一千人もの僧侶に茶を淹《い》れることのできる釜がなかった。

そのとき、開山の大林《だいりん》以来、長寿を保って歴代住持《じゅうじ》の侍者を務めてきた守鶴《しゅかく》という老僧がいくら汲《く》んでも湯が尽きない茶釜を探してきた。さらに、守鶴《しゅかく》は長寿を保ち、第十世、岑月《げっしん》が守鶴《しゅかく》の眠っている姿を見ると、数千年の長寿を保ったムジナ（タヌキ）だったという。守鶴《しゅかく》は真の姿を見られたことを恥じて寺を去ったが、茶釜は残った。大勢の人々に福を分けたということから分福茶釜《ぶんぶくちゃがま》といわれ、今も茂林寺《もりんじ》にこの茶釜が納められている。

・住所／群馬県館林市堀工町一五七〇

・アクセス／東武鉄道茂林寺前駅下車、徒歩五分

⑱修禅寺《しゆぜんじ》（源《みなもとのよりいえ》　頼家暗殺の地）

大同《だいどう》二年（八〇七）に弘法大師《こうぼうだいし》空海《くうかい》の弟子の杲隣《こうりん》が開いたと伝えられている。真言《しんごん》宗《しゅう》の密教《みっきょう》寺院として開かれたが、鎌倉時代中期に建長寺《けんちょうじ》開山の蘭渓道隆《らんけいどうりゅう》が再興して臨済宗《りんざいしゅう》に改宗した。

源《みなもとのよりとも》　頼朝の弟、範頼《のりより》は謀反の疑いありと頼朝《よりとも》に疑われ、当寺に幽閉された後、梶原《かじわら》景時《かげとき》に攻められて修善寺《しゅぜんじ》で自害に追い込まれた。さらに頼朝《よりとも》の子で二代将軍の頼家《よりいえ》は北条時政《ほうじょうときまさ》に当寺に幽閉されて暗殺された。

その後、延徳《えんとく》元年（一四八九）には北条早雲《ほうじょうそううん》の叔父の隆渓繁紹《りゅうけいはんじょう》が入寺して曹洞宗《そうとうしゅう》に改宗。

・住所／静岡県伊豆市修善寺九六四
・アクセス／伊豆箱根鉄道修善寺駅からバス修善寺温泉駅下車、徒歩三分

⑲高岩寺《こうがんじ》（おばあちゃんの原宿、とげぬき地蔵《じぞう》）

慶長《けいちょう》元年（一五九六）、扶嶽太助《ふがくたいじょ》が開いた禅寺《ぜんでら》で、創建当初は湯島、のち下谷《したや》の車坂にあったが、明治《めいじ》二十四年（一八九一）、現在地に移った。

かつて、毛利《もうり》家の江戸屋敷に仕えた侍女が誤って折れた針を飲み込み、七転八倒して苦しんだ。折しも毛利家出入りの僧侶がやって来て「地蔵尊《じぞうそん》印行の札」を飲ませたところ、針は札を貫いて札もろとも吐き出して侍女は助かったという。この話が江戸市中で評判になって、「とげぬき地蔵《じぞう》」と呼ばれるようになり、また、この地蔵《じぞう》は人間の罪科をも抜いて万病を直し、寿命を延ばすとして盛んな信仰を集めるようになった。

近年、高岩寺《こうがんじ》を中心とする一帯は「おばあちゃんの原宿」として人気を集め、毎月、四の日には女性たちが大挙して参詣に訪れている。

・住所／東京都豊島区巣鴨三―三五―二
・アクセス／JR巣鴨駅下車、徒歩五分

⑳大洞院《だいとういん》（森の石松の墓所）

応永《おうえい》十八年（一四一一）、如仲天誾《じょちゅうてんぎん》が開いたが、總持寺《そうじじ》第十一世の梅山聞本《ばいさんもんぽん》を開山とし、自らは二世となった。如仲《じょちゅう》は峨山《がさん》門下五哲の筆頭の太源《たいげん》の流れを汲《く》み、関東に教線を張った。

本尊《ほんぞん》の地蔵《じぞう》菩薩《ぼさつ》には次のような逸話がある。如仲《じょちゅう》が山中で迷って難儀をしていたとき、麻の種を蒔《ま》いている老人に出会い、その老人が道案内をして如仲《じょちゅう》は無事里に下りることができたという。このことから、「麻蒔き地蔵《じぞう》」の名で親しまれている。

また、この寺は別名「石松寺《いしまつでら》」としても知られ、森の石松の墓所と親分の清水次郎長の碑がある。

かつては末寺三千を擁する大寺院だった。今も厳格な修行道場として重きを置かれている。

・住所／静岡県周智郡森町橋二四九
・アクセス／遠州鉄道遠州森駅下車、徒歩六十分

㉑瑞龍寺《ずいりゅうじ》（加賀《かが》藩主の菩提寺《ぼだいじ》）

正保《しょうほう》二年（一六四五）、第三代加賀《かが》藩主、前田利常《としつね》が先代の利長《としなが》の菩提《ぼだい》を弔うため創建に着手。十八年の歳月を費やして壮大な伽藍《がらん》が完成した。中国の径山万寿寺《きんざんまんじゅじ》の伽《が》藍《らん》を模して、創建当初は四万坪に及んだ広大な寺域に総門《そうもん》、山門《さんもん》、仏殿《ぶつでん》、法堂《はっとう》などが一直線に並ぶ日本でも有数の大伽藍《だいがらん》が完成した。

江戸時代中期の延享《えんきょう》三年（一七四六）に火災で、総門《そうもん》、仏殿《ぶつでん》、法堂《はっとう》を残して焼失したが、間もなく再建された。また、仏殿《ぶつでん》から南に長い参道を行くと前田家歴代の墓所がある。

明治《めいじ》以降、前田家の庇護《ひご》を受けられなくなって衰退し、伽藍《がらん》の一部は寺の運営のための資金を得るために部材が売られた。しかし、昭和六十年（一九八五）から大改修が行われ、十年かけて完成した。山門《さんもん》、仏殿《ぶつでん》、法堂《はっとう》は平成九年（一九九七）に国宝に指定され、富山県唯一の国宝建造物である。また、近年、NHKの大河ドラマ「利家とまつ」の舞台になり、多くの参詣者が押しかけるようになった。

・住所／富山県高岡市関本町三五

・アクセス／JR高岡駅より徒歩十分

㉒五合庵《ごごうあん》（良寛《りょうかん》が過ごした草庵）

郷里に帰った良寛《りょうかん》が十数年を過ごした庵で、国上山《くがみやま》の山麓《さんろく》にある。和銅《わどう》二年（七〇九）、元明《げんめい》天皇のときに新潟の弥彦大明神《いやひこだいみょうじん》の山腹に一寺を開き、国上山《くがみやま》と号した。本尊《ほんぞん》の阿弥陀如来《あみだにょらい》は行基菩薩《ぎょうきぼさつ》の作と伝えられ、聖武《しょうむ》天皇の妃《きさき》の光明《こうみょう》皇后が奉納したという。以降、「北海鎮護仏法《ほっかいちんごぶっぽう》最初の霊場」として盛んな信仰を集めてきた。

元禄《げんろく》年間、諸国を巡歴していた萬元上人が国上寺《こくじょうじ》を訪れ、勧進して本堂の再建を果たした。再建事業の間、萬元《まんげん》上人が住んだのが五合庵《ごごうあん》である。上人は国上寺《こくじょうじ》の住持《じゅうじ》から毎日、五合の米を授かったといい、これが五合庵《ごごうあん》の名の由来となった。

その後、玉島の円通寺《えんつうじ》を辞した良寛《りょうかん》が郷里に帰り、この地の空庵を転々とした後に五合庵《ごごうあん》に住んだ。四十七歳から十数年間をここで過ごし、その間、ここから毎日、托《たく》鉢《はつ》に行き、庵では『法華経《ほけきょう》』を読んだり、和歌や俳句を作ったり、書を書いたりして悠々自適の生活を送った。

また、多くの文人墨客《ぶんじんぼっかく》とも交わり、良寛《りょうかん》芸術の円熟期をここで過ごした。五合庵《ごごうあん》の近くには「焚《た》くほどは風がもてくる落ち葉かな」と自作の俳句を刻んだ句碑が建てられている。現在の五合庵《ごごうあん》は大正《たいしょう》三年（一九一四）に再建されたものである。

・住所／新潟県燕市国上一四〇七（国上寺境内）
・アクセス／JR分水駅からバス国上入口下車、徒歩五十分

㉓正法寺《しょうぼうじ》（尼僧《にそう》道場）

明治《めいじ》三十六年（一九〇三）、尼僧《にそう》教育の重要性を訴えた水野常倫尼《みずのじょうりんに》ら数名の尼僧《にそう》が愛知県春日井市高蔵寺村に「私立尼僧《にそう》学林」として創設したのがはじまり。当初は六畳二間の観音堂《かんのんどう》に二十二名の修行僧のほか、水野常倫《みずのじょうりん》らの指導者と合わせて三十名が寝起きを共にして修行と勉学に励んだという。

第一回卒業式は同四十年（一九〇七）、以降、名称も関西尼学林、第一尼学林、曹《そう》洞宗《とうしゅう》高等尼学林、そして現在名と変わり、何度か移転もした。昭和二十年（一九四五）の空襲で諸堂は灰燼《かいじん》に帰したが、戦後、再建されて現在に至る。

・住所／名古屋市千種《ちくさ》区城山町一―八〇
・アクセス／地下鉄覚王山駅下車、徒歩十分

㉔龍澤寺《りゆうたくじ》（足利《あしかが》将軍家の祈願《きがん》所）

永徳《えいとく》二年（一三八二）、土地の豪族、小布施正寿《おぶせまさとし》が愛妾《あいしよう》、お笹の菩提《ぼだい》を弔うため、梅山聞本《ばいさんもんぽん》を開山に招いて開いたのがはじまり。梅山《ばいさん》は当寺を曹洞宗總持寺《そうとうしゆうそうじじ》派の北陸の根本道場とし、全国から多くの修行僧が参集した。長禄《ちようろく》二年（一四五八）には足利《あしかが》将軍家の祈願《きがん》所となり、七堂伽藍《がらん》を整備して寺領一万二千坪、六百六十五石の石高《こくだか》を授かった。しかし、室町時代後半にはたびたび兵火に遭い、再建も困難な状況だった。明治《めいじ》初年にようやく再建され、今も四百カ寺の傘下の禅寺《ぜんでら》がある。

・住所／福井県あわら市御簾尾一〇字一二番
・アクセス／JR芦原温泉駅からバス御簾ノ尾下車、徒歩五分

㉕永澤寺《ようたくじ》（後円融《ごえんゆう》天皇の勅願寺《ちよくがんじ》）

応安《おうあん》三年（一三七〇）、管領《かんれい》細川頼之《よりゆき》が後円融《ごえんゆう》天皇の勅命で、通幻寂霊《つうげんじやくれい》を開山に招いて開いた。通幻《つうげん》は峨山《がさん》五哲の一人で、極めて過酷な修行で知られていた。境内には

当時を偲ぶ、活埋坑《いきうめ》という穴がある。入門を願う修行僧と門前で問答《もんどう》し、まともな答えをした者は喜んで受け入れるが、生半可な答えの者は即座にこの穴の中に蹴落《けお》としたという。また、後円融《ごえんゆう》天皇は当寺に千七百人の僧侶を集め、南北朝の騒乱の戦没者の百カ日の追善供養《ついぜんくよう》を行った。

一万六千カ寺ある曹洞宗《そうとうしゅう》寺院のうち約一万三千カ寺は總持寺《そうじじ》派に属する。その中で通幻《つうげん》に関わる寺院は実に約九千カ寺を数えるという。通幻《つうげん》がいかに卓越した力量を具《そな》えていたかが分かる。また、永澤寺《ようたくじ》は花菖蒲《はなしょうぶ》の名所としても知られ、一万坪の菖蒲園《しょうぶえん》には五百種類の菖蒲《しょうぶ》があり、花の季節には多くの参詣客でにぎわう。

・住所／兵庫県三田《さんだ》市永沢寺二一〇
・アクセス／JR三田駅からバス永沢寺前下車

㉖瑞応寺《ずいおうじ》（住友《すみとも》家ゆかりの寺）

文安《ぶんあん》五年（一四四八）、生子山《しょうじやま》城主、松木景村が月担長伝《げったんちょうでん》を開山に招いて開いた。その後、豊臣秀吉《とよとみひでよし》の四国攻めのときに兵火に遭い、伽藍《がらん》は灰燼《かいじん》に帰したが、江戸時代の万治《まんじ》三年（一六六〇）、西条《さいじょう》藩主、一柳直興《ひとつやなぎなおおき》の外護《げご》で復興した。瑞応寺《ずいおうじ》は瀬戸内海に聳《そび》える別子《べっし》山の北麓にあり、別子《べっし》銅山を開いた住友家ともゆかりが深い。

・住所／愛媛県新居浜市山根町八―一
・アクセス／JR新居浜駅からバス瑞応寺前下車

㉗羅《ら》漢寺《かんじ》（青の洞門《どうもん》を開いた禅海《ぜんかい》の廟所《びょうしょ》がある）

青の洞門《どうもん》で有名な寺である。大化《たいか》元年（六四五）にインドからやって来たという法《ほう》道《どう》仙人によって開かれた。法道《ほうどう》仙人は中国、朝鮮を経由して日本にやって来たといわれ、空の鉄鉢《てっぱく》を携えて来たことから空鉢《くうはく》、空鉢《くうはく》上人とも呼ばれている。法道《ほうどう》仙人は六《ろっ》甲山《こうさん》など播磨国《はりまのくに》（兵庫県西南部）をはじめ各地の霊山を開いたと伝えられ、各地にゆかりの寺がある。

その後の羅漢寺《らかんじ》の状況ははっきりしないが、鎌倉時代の末に円龕昭覚《えんがんしょうがく》と中国僧の逆《ぎゃく》流建順《りゅうけんじゅん》が来山して臨済宗《りんざいしゅう》の道場とした。そして、室町時代のはじめに三代将軍足利《あしかが》義満《よしみつ》から「羅漢護国禅寺《らかんごこくぜんじ》」の号を賜り、管領《かんれい》細川頼之《よりゆき》が諸堂を寄進した。慶長《けいちょう》五年（一六〇〇）には曹洞宗《そうとうしゅう》に改められた。

青の洞門《どうもん》は江戸時代中期、禅海《ぜんかい》上人が掘削したトンネル。禅海《ぜんかい》上人は江戸の人で若くして父を亡くしたことに世の無常《むじょう》を感じ、出家して諸国を行脚《あんぎゃ》し、羅漢寺《らかんじ》にやって来た。そのとき、川沿いの断崖《だんがい》に架けられた桟橋が難所で、人や馬が落下する危険箇所であることを知り、トンネルの掘削を決意した。

享保《きょうほう》十五年（一七三〇）ごろから掘削をはじめ、地元の人や藩主の援助を得て約三十年の歳月を費やして完成した。境内入り口に禅海《ぜんかい》の廟所《びょうしょ》、禅海《ぜんかい》堂があり、禅海《ぜんかい》の苦悩を偲ぶノミやツチが展示されている。また、羅漢寺《らかんじ》がある羅漢寺川の周辺は耶馬渓《やばけい》といわれる景勝の地で新緑や紅葉の時期には多くの観光客でにぎわう。

・住所／大分県中津市本耶馬渓町跡田一五〇一
・アクセス／JR中津駅からバス羅漢寺下車、徒歩十五分

コラム／寺院の石高《こくだか》とは

戦国時代までの寺院は寺領荘園を持っており、それが寺の財政を支えていた。寺領荘園は広範にわたり、東大寺《とうだいじ》や比叡山《ひえいざん》などの大寺では全国各地に荘園を持っていた。しかし、戦国時代末期になると、各地の戦国大名は

この荘園を支配下に置かなければ、天下統一ができないことから寺領荘園を焼き討ちした。

よく知られているのは織田信長《おだのぶなが》の比叡山《ひえいざん》焼き討ちだ。それ以前から武田《たけだ》信玄《しんげん》などの戦国大名が寺社の焼き討ちを敢行していたのだが、信長がはじめて組織的に焼き討ちを行ったのである。

これによって寺領荘園はすべて没収され、寺の石高《こくだか》はなくなった。以降、寺社は将軍から石高を与えられるようになり、徳川時代になると朱印地を与えられて殊遇を受け、完全に幕府の支配下に置かれることになったのである。

一石は米二俵半、一俵を六〇キロとすると、一五〇キロである。今の米価で一〇キロ四千円とすると、一石は一万円。千石を支給されると一千万円ということになる。その石高が各地に点在する田畑から寺院に納められ、それを原資として寺院経営を行ったのである。

コラム／なぜ改宗するのか

奈良、平安時代から続くような古い寺院はたびたび改宗を繰り返している。これは一つには寺が栄枯盛衰を繰り返し、一時、衰退した寺が他宗の僧侶によって再興されたというケースが多い。

また、平安時代に伝わった天台宗《てんだいしゅう》や真言宗《しんごんしゅう》、鎌倉時代に伝わった禅宗《ぜんしゅう》や浄土宗《じょうどしゅう》が勢力を強め、これらがもともと奈良時代から続く法相宗《ほっそうしゅう》や律宗《りっしゅう》などの寺を改宗したケースも少なくない。

さらに、禅宗《ぜんしゅう》では栄西《えいさい》が臨済宗《りんざいしゅう》を、道元《どうげん》が曹洞宗《そうとうしゅう》を伝え、そして、江戸時代には隠元《いんげん》によって黄檗宗《おうばくしゅう》が伝えられた。その結果、臨済宗《りんざいしゅう》から黄檗宗《おうばくしゅう》に改宗する禅寺《ぜんでら》が多く、江戸時代になると臨済《りんざい》、曹洞《そうとう》の両宗から黄檗宗《おうばくしゅう》に転宗する寺も多かった。

また、戦後、改宗、あるいは独立して単立になった寺も多い。東京浅草《あさくさ》の浅草寺《せんそうじ》は七世紀の創建当初は超宗派の寺院として発足したが、平安時代のはじめに慈覚大師《じかくだいし》円仁《えんにん》が訪れて天台宗《てんだいしゅう》に改宗した。さらに、戦後は天台《てんだい》宗《しゅう》から独立して本尊《ほんぞん》の聖観音《しょうかんのん》にちなんで聖観音宗《しょうかんのんしゅう》となった。

そして、聖徳太子《しょうとくたいし》が建立したことで知られる大阪の四天王寺《してんのうじ》は、太子が制定したと伝えられる「十七条憲法」の「和を以《もっ》て貴《とうと》しとなす」にちなみ、和宗《わしゅう》を名乗って独立した。このように、長い歴史の中でさまざまな理由で改宗した寺は多い。

第五章　曹洞宗《そうとうしゅう》のお経

凡例

一、現在の曹洞宗《そうとうしゅう》において、法事や葬儀などでもよく読まれる、代表的なお経を選んだ。それぞれ冒頭に「概要」を記したうえ、お経は上段に「原文」、下段に「現代語訳」を配した。

一、表記は現代仮名遣いとし、漢字は新字体を用いた。また読解の便を図るため、原文には全て現代仮名遣いによる振り仮名を付し、促音のみ「ッ」を用いた。

一、原文と現代語訳との対応関係を明確にするため、現代語訳中に当該箇所の原文を適宜【】で記した。また（）部分は、より意味が通り易くなるように、言葉を補ったものである。

一、現代語訳中、語句や内容についてとくに説明が必要な箇所には注番号を付記し、お経の後に「注釈」を設けた。

修証義《しゅしょうぎ》

曹洞宗《そうとうしゅう》の教えを仮名交じりで分かり易く簡潔にまとめたもので、明治二十三年に『曹洞《そうとう》 教会修証義《きょうかいしゅしょうぎ》』と題し、曹洞宗《そうとうしゅう》が一丸となって編纂《へんさん》したものである。五章からなり、九十五巻の浩瀚《こうかん》の書、道元《どうげん》の『正法眼蔵《しょうぼうげんぞう》』から抜き出した教えを簡潔に記し、悟りへの道を示している。

道元《どうげん》は「修証《しゅしょう》の一等《いっとう》」ということを説いた。「修《しゅ》」は修行、「証《しょう》」は悟りの意味だ。そして、修行は「証上《しょうじょう》の修《しゅ》」であると位置づけ、禅《ぜん》の悟りの境地に至っても、修行を続けてさらにレベルの高い悟り（証《しょう》）を目指すべきであると説いた。『修証義《しゅしょうぎ》』のタイトルはこの道元《どうげん》の中心思想である「修証一等《しゅしょういっとう》」にちなんでつけられたものである。通夜や葬儀、年忌法要、施餓鬼《せがき》などでもよく読まれる。

原文

第一章《だいいっしょう》　総序《そうじょ》

生《しょう》を明《あき》らめ死《し》を明《あき》らむるは仏《ブッ》家《け》一大事《いちだいじ》の因縁《いんねん》なり、生死《しょうじ》の中《なか》に仏《ほとけ》あれば生死《しょうじ》なし、但《ただ》生死《しょうじ》即《すなわ》ち涅槃《ねはん》と心得《こころえ》て、生《しょう》死《じ》として厭《いと》うべきもなく、涅《ね》槃《はん》として欣《ねご》うべきもなし、是《この》時《とき》初《はじ》めて生死《しょうじ》を離《はな》るる分《ぶん》あり、唯《ただ》一大事因縁《いちだいじいんねん》と究尽《ぐうじん》すべし。

人身《にんしん》得《う》ること難《かた》し、仏法《ブッぽう》値《お》う

現代語訳

第一章　総序

生きることと、死ぬことを見極めることは、仏教徒にとってもっとも重大なことである【仏《ブッ》家《け》一大事《いちだいじ》の因縁《いんねん》なり】。生まれてから死ぬまでのあいだ【生死《しょうじ》】[1]に仏[2]を見ることができれば、現実の世の中で生きることの苦しみ【生死《しょうじ》】は厭《いと》うべきものではなくなる。人の一生【生死《しょうじ》】を仏の命と心得るなら（苦しみや悩みに満ちた）一生も厭うべきものではなく、（いま、生きている現実の世界の）別のところに悟りの世界【涅槃《ねはん》】を求める必要もないのだ。（苦しみや悩みの多い現実世界の中で仏に会うことができた

こと希《ま》れなり、今《いま》我等《われら》宿善《しゅくぜん》の助《たす》くるに依《よ》りて、已《すで》に受《う》け難《がた》き人身《にんしん》を受《う》けたるのみに非《あら》ず、遇《あ》い難《がた》き仏法《ぶツぽう》に値《あ》い奉《たてまつ》れり、生死《しょうじ》の中《なか》の善生《ぜんしょう》、最勝《さいしょう》の生《しょう》なるべし、最勝《さいしょう》の善身《ぜんしん》を徒《いたず》らにして露命《ろめい》を無常《むじょう》の風《かぜ》に任《まか》すること勿《なか》れ。無常《むじょう》憑《たの》み難《がた》し、知《し》らず露命《ろめい》いかなる道《みち》の草《くさ》にか落《お》ちん、身《み》已《すで》に私《わたくし》に非《あら》ず、命《いのち》は光陰《こういん》に移《うつ》されて暫《しばら》くも停《とど》め難《がた》し、紅顔《こうがん》いずくへか去《さ》りにし、尋《たず》ねんとするに蹤《しょう》

とき）【是時《このとき》】はじめて、苦しみと迷いの人生から離れることができる。人間にとって生死の問題は人生の一大事である、ということをシッカリと認識して、よくよく考えるべきである。

この世に人間として生まれて来ることは極めて難しく、稀《まれ》なことだ【人身得《にんしんう》ること難《かた》し】[3]。その上、仏の教えに出会うことは稀有《けう》なことである【仏法値《ぶツぽうお》うこと希《ま》れなり】[4]。私は過去に善いことをした報いによって【宿善《しゅくぜん》の助《たす》くるに依《よ》り】、生まれることが極めて難しい人間の世界に生まれることができた【生死《しょうじ》の中《なか》の善生《ぜんしょう》】ばかりか、仏の教えにも出会うことができた。これは苦しみと悩みの多い娑婆《しゃば》世界にあって、本当に幸で、最大の勝利【最勝《さいしょう》】ともいうべきことだ。このような恵まれた身の上を無駄にすることなく、儚《はかな》い命【露命《ろめい》】を無常の風に任せて

跡《せき》なし。熟《つらつら》観《かん》ずる所《ところ》に往事《おうじ》の再《ふたた》び逢《お》うべからざる多《おお》し、無常《じょう》忽《たちま》ちに到《いた》るときは国王《こくおう》大臣《だいじん》親暱《しんじつ》従僕《じゅうぼく》妻子《さいし》珍宝《ちんぽう》たすくる無《な》し、唯独《ただひと》り黄泉《こうせん》に趣《おもむ》くのみなり、己《おの》れに随《したが》い行《ゆ》くは只是《ただこ》れ善悪業等《ぜんあくごッとう》のみなり。今《いま》の世《よ》に因果《いんが》を知《し》らず業報《ごッぽう》を明《あき》らめず、三世《さんぜ》を知《し》らず、善悪《ぜんあく》を弁《わき》まえざる邪見《じゃけん》の党侶《ともがら》には群《ぐん》すべからず、大凡因果《おおよそいんが》の道《どう》理歴然《りれきねん》として私《わたくし》なし、造悪《ぞうあく》の者《もの》は堕《お》ち修善《しゅぜん》の者《もの》は陞《のぼ》る、毫《ごう》

はならない。

この世の無常はいかんともすることができない。そして、どんな運命が待っているのかも分からない。自分だと思っている私という存在も、実は自分ではないのだ。命も時の流れに流され、その流れを（誰も）止めることはできない。若く美しい顔【紅顔《こうがん》】もいつの間にか消え失せ、かつての痕跡《こんせき》をたずねても跡形もなくなってしまっている。よくよく考えても、ふたたび往時【往事《おうじ》】に戻ることはあり得ない。

ひとたび無常の風が吹けば、国王も大臣も親《しん》戚縁者《せきえんじゃ》も従者も妻子も宝もすべて消え失せてしまう【たすくる無《な》し】。後はただ一人、死後の世界【黄泉《こうせん》】に行くだけである。ただ、（その人が前生《ぜんしょう》および生前にした）善悪の行いがついていくだけなのだ【只是《ただこ》れ善悪業等《ぜんあくごッとう》のみなり】。

釐《り》も忒《たが》わざるなり、若《も》し因果《いんが》亡《ぼう》じて虚《むな》しからんが如《ごと》きは、諸仏《しょぶつ》の出世《しゅッせ》あるべからず、祖《そ》師《し》の西来《せいらい》あるべからず。善悪《ぜんあく》の報《ほう》に三時《さんじ》あり、一者《ひとつには》順現《じゅんげん》報受《ほうじゅ》、二者《ふたつには》順次生受《じゅんじしょうじゅ》、三者《みつには》順後次受《じゅんごじじゅ》、これを三時《さんじ》という、仏祖《ぶッそ》の道《どう》を修習《しゅじゅう》するには、其最初《そのさいしょ》より斯三時《このさんじ》の業報《ごッぽう》の理《り》を効《なら》い験《あき》らむるなり、爾《しか》あらざれば多《おお》く錯《あやま》りて邪見《じゃけん》に堕《お》つるなり、但邪見《ただじゃけん》に堕《お》つるのみに非《あら》ず、悪道《あくどう》に堕《お》ちて長時《ちょうじ》の

生きているあいだに【今《いま》の世《よ》に】、過去や現在の行いがどういう結果をもたらすかという理《ことわり》【因果《いんが》】▼5を知らず、そして、過去と現在の行いによって受ける報い【業報《ごッぽう》】▼6、過去・現在・未来の関係【三世《さんぜ》】、善悪などをわきまえないで、誤った考えを持つ者と仲間になってはならない【邪見《じゃけん》の党侶《ともがら》には群《ぐん》すべからず】▼7。

世の中が因果の道理で成り立っていることは歴然としている。悪をなした者【造悪《ぞうあく》の者《もの》】は(地獄に)堕《お》ち、善をなした者【修善《しゅぜん》の者《もの》】は(天上界に)上る。この理は紛れもない事実なのだ【毫釐《ごうり》も忒《たが》わざるなり】。もし、(いま、述べたような)因果の道理がこの世になかったなら、多くの仏がこの世に現れること【諸仏《しょぶつ》の出《しゅッ》世《せ》】はなかったし、開祖が西からやって来ることもなかった【祖師《そし》の西来《せいらい》あるべからず】▼8。

苦《く》を受《う》く。当《まさ》に知《し》るべし今《こん》生《じょう》の我身《わがみ》二《ふた》つ無《な》し、三《み》つ無《な》し、徒《いたず》らに邪見《じゃけん》に堕《お》ちて虚《むなし》く悪業《あくごう》を感得《かんとく》せん、惜《おし》からざらめや、悪《あく》を造《つく》りながら悪《あく》に非《あら》ずと思《おも》い、悪《あく》の報《ほう》あるべからずと邪《じゃ》思惟《しゆい》するに依《よ》りて悪《あく》の報《ほう》を感《かん》得《とく》せざるには非《あら》ず。

第二章《だいにしょう》　懺悔滅罪《さんげめつざい》

仏祖《ぶッそ》憐《あわれ》みの余《あま》り広大《こうだい》の慈門《じもん》を開《ひら》き置《お》けり、是《こ》れ一切衆生《いッさいしゅじょう》を

善悪の報いには三種類【三時《さんじ》】ある。一つは現世の報いを現世で（生きている間に）受ける「順現報受《じゅんげんほうじゅ》」、二つ目は現世の報いを次に生まれ変わった世で受ける「順次生受《じゅんじしょうじゅ》」、そして、三つ目は現世の報いを来生《らいしょう》で受ける「順後次受《じゅんごじじゅ》」である。釈迦《しゃか》と達磨大師《だるまだいし》【仏祖《ぶッそ》▼9】の道を実践する者は最初から、この三時《さんじ》の道理を習い、納得すべきである。そうでなければ、多くは誤って邪見《じゃけん》に堕ちてしまう。しかも、ただ、邪見《じゃけん》に堕ちるだけでなく、地獄《じごく》、餓鬼《がき》、畜生《ちくしょう》の悪道《あくどう》に落ちて長いあいだ苦しみを受けることになるのだ。

まさに知るべきである。今生《こんじょう》の我が身は二つある訳でもなく、三つある訳でもないということを。だから、いたずらに邪見《じゃけん》に堕ち、その結果、むなしく悪業《あくごう》を積み重ねるのは（いかにも）もったいない話である。悪いことをしても

証入《しょうにゅう》せしめんが為《た》めなり、人《にん》天誰《でんたれ》か入《い》らざらん、彼《か》の三時《さんじ》の悪業報《あくごッぽう》必《かなら》ず感《かん》ずべしと雖《いえど》も、懺悔《さんげ》するが如《ごと》きは重《おも》きを転《てん》じて軽受《きょうじゅ》せしむ、又《また》滅罪《めつざい》清浄《しょうじょう》ならしむるなり。然《しか》あれば誠心《じょうしん》を専《もッぱ》らにして前仏《ぜんぶつ》に懺悔《さんげ》すべし、恁麼《いんも》するとき前仏懺悔《ぜんぶつさんげ》の功徳力我《くどくりきわれ》を拯《すく》いて清浄《しょうじょう》ならしむ、此功徳《このくどく》能《よ》く無礙《むげ》の浄信精《じょうしんしょう》進《じん》を生長《しょうちょう》せしむるなり、浄信《じょうしん》一現《いちげん》するとき、自佗《じた》同《おな》く転《てん》ぜらるるなり、其利益《そのりやく》普《あま》ねく情《じょう》

罪悪感がなく、悪の報いなどないという誤った考え【邪思惟《じゃしゆい》】をもっていても、必ず悪の報いは受けるのである。

第二章　罪を懺悔《さんげ》して滅する

釈迦《しゃか》と達磨大師《だるまだいし》は人々を憐《あわ》れみ、偉大な慈悲《じひ》の門を開いてくれた。人々を悟りの世界に導き入れるための門である。人間や神々【人天《にんでん》】で誰がその門を潜らない者がいるだろうか（誰もが必ず潜るのだ）。先に述べた三時《さんじ》の悪業《あくごう》の報いを受けている身であっても、それをシッカリと反省【懺悔《さんげ》】[10]すれば重い罪も軽い罪に転じ、やがては滅して清らかな身になるのだ。

だから、誠の心をもって仏の前で懺悔すべきである。そのようにしたとき【恁麼《いんも》するとき】[11]

非情《ひじょう》に蒙《こう》ぶらしむ。其大旨《そのだいし》は、願《ねが》わくは我《わ》れ設《たと》い過去《かこ》の悪業《あくごう》多《おお》く重《かさ》なりて障道《しょうどう》の因縁《いんねん》ありとも、仏道《ぶつどう》に因《よ》りて得道《とくどう》せりし諸仏諸祖《しょぶつしょそ》我《われ》を愍《あわれ》みて業累《ごうるい》を解脱《げだつ》せしめ、学道障《がくどうさわ》り無《な》からしめ、其功徳法門《そのくどくほうもん》普《あま》ねく無尽《むじん》法界《ほッかい》に充満弥綸《じゅうまんみりん》せらん、哀《あわれ》みを我《われ》に分布《ぶんぷ》すべし、仏祖《ぶッそ》の往《おう》昔《しゃく》は吾等《われら》なり、吾等《われら》が当来《とうらい》は仏祖《ぶッそ》ならん。我昔所造諸悪業《がしゃくしょぞうしょあくごう》、皆由無始貪瞋痴《かいゆうむしとんじんち》、従身口意之《じゅうしんくいし》所生《しょしょう》、一切我今皆懺悔《いッさいがこんかいさんげ》、是《かく》の

仏前での懺悔の功徳《くどく》は私たちを救い、身心を清浄にするのだ。また、この功徳《くどく》はなんの障害もなく【無礙《むげ》】、純粋に仏を信じる心と精進《しょうじん》【浄《じょう》信《しん》】を強く後押ししてくれるのだ。一度、純粋な信仰心が現れると【浄信一現《じょうしんいちげん》するとき】、その信仰心は他人にも行き渡り、その功徳《くどく》をすべての人々【情非情《じょうひじょう》】▼12にも向けられるのだ。

その最大の趣旨は、願わくは過去の多くの悪《あく》業《ごう》が積み重なり、障害のある因縁があったとしても、仏の教えに従って修行して悟りを開いた多くの仏や（達磨大師《だるまだいし》をはじめとする）開祖の限りない慈悲の精神によって、悪業《あくごう》の障害から解放され、仏の教えを学び、修行に支障がないようにしてくれるのだ。

そのような功徳《くどく》の法門《ほうもん》は全世界【無尽法界《むじんほッかい》】に遍《あまね》く満ちるであろう。私にもその慈悲《じひ》【哀《あわれ》

如《ごと》く懺悔《さんげ》すれば必《かなら》ず仏祖《ぶッそ》の冥《みよう》助《じよ》あるなり、心念身儀《しんねんしんぎ》発露《ほッろ》白仏《びやくぶつ》すべし、発露《ほッろ》の力《ちから》罪根《ざいこん》をして銷殞《しょういん》せしむるなり。

み】を与えていただきたい。釈迦《しやか》も達磨大師《だるまだいし》も昔はわれわれと同じふつうの人間（凡夫《ぼんぷ》）だった。（だから、私たちも善行を積み、修行に専念すれば、）将来は釈迦《しやか》や達磨大師《だるまだいし》と同じ悟りを開くことができるのだ。

「私が昔、造ったさまざまな悪業《あくごう》は【我昔所造《がしやくしよぞう》諸悪業《しよあくごう》】、みな遠い昔からの根本的な煩悩《ぼんのう》【貪《とん》瞋痴《じんち》】（181ページ▼2参照）に由来するもので【皆由無始貪瞋痴《かいゆうむしとんじんち》】、すべては身口意《しんくい》の三業《さんごう》▼から生じたものだ【従身口意之所生《じゆうしんくいししよしよう》】。私たちはいま、一切の罪を懺悔しよう【一切我今皆懺悔《いッさいがこんかいさんげ》】！」

このように称《とな》えて懺悔すれば、必ず釈迦《しやか》と達磨《だるま》大師《だいし》の助けに与《あずか》るのだ【仏祖《ぶッそ》の冥助《みようじよ》あるなり】。純粋な信仰心をおこし【心念《しんねん》】、全身で（仏に）敬いの姿をあらわし【身儀《しんぎ》】、口では（自らの）罪を暴いて仏に告白すべきである【発露《ほッろ》白仏《びゃくぶつ》】。[14]（中でも）罪を暴きさらけ出す力【発《ほッ》露《ろ》の力《ちから》】は罪の根元を完全に根絶《ねだや》してしまうのである。[15]

▼1　**生死《しょうじ》**　母親の母胎に入ってから死ぬまでの一生のこと。

▼2　**仏《ほとけ》を見《み》る**　ここで「仏」とは凡夫《ぼんぶ》（凡人）が持っているブッダになる可能性、資質を指す。道元《どうげん》は仏を見たら（会ったら）踵《きびす》を返して一目散に娑婆《しゃば》世界に逃げ帰って来いといっている。娑婆《しゃば》世界で再び修行に励み、もっとレベルの高い仏に会えるよう努力せよといっているのだ。仏に会った後の修行を「悟後《ごご》の修行」というが、道元《どうげん》は修行は螺旋階段《らせんかいだん》のようにどこまでも続いており、修行を続けることによってより高い位置で仏に会う（悟りの境地に至る）ことができるという。これを「行持《ぎょうじ》道環《どうかん》」という。

▼3　**人身《にんしん》得《う》ること難《かた》し**　衆生《しゅじょう》は地獄《じごく》・餓鬼《がき》・畜生《ちくしょう》・修羅《しゅら》・人間《にんげん》・天《てん》の六道《ろくどう》のいずれかの世界への生まれ変わりを繰り返す（輪廻転生《りんねてんしょう》する）。その輪廻転生《りんねてんしょう》の中で人間に生まれることは極めて難しい。釈迦《しゃか》の肉声といわれる古い経典にも「人身《にんしん》は得難し」

という言葉がしばしば出てくる。

▼4　**仏法値《ぶつぽうお》うこと希《ま》れなり**　人間に生まれて来ることも稀有《けう》のことであるが、人間世界に生まれて仏の教え（仏法《ぶつぽう》）に出会うことも希《まれ》なことである。人間として生まれ、仏法《ぶつぽう》に出会ったことは悟りに近づく千載一遇のチャンスである。だから、迷わず仏の教えに従って仏道《ぶつどう》に精進《しようじん》せよということだ。このことは道元《どうげん》のみならず、すべての仏教者が強調している。

▼5　**因果《いんが》**　「善因善果《ぜんいんぜんか》、悪因苦果《あくいんくか》」、「因果応報《いんがおうほう》」というように、善いことをすれば善い結果を生じ、悪いことをすれば苦しみを受けるということ。この理法を知ることによって善行に勤め、人間としての倫理観を保つ役割を果たしていると考えられている。

▼6　**業報《ごツぽう》**　「業《ごう》」はサンスクリット語でカルマといい、「行為」「行い」の意味である。仏教ではある行為は将来的にさまざまな結果をもたらすことから、業《ごう》は潜在力として蓄積されると考えられている。業《ごう》が深いなどというのはその人が潜在力としての業《ごう》をどれほど蓄積しているかということをあらわしている。「業報《ごつぽう》」とは文字通り、業《ごう》のもたらす善悪の結果（報い）のことだ。

▼7　**邪見《じやけん》の党侶《ともがら》には群《ぐん》すべからず**　釈迦《しやか》の肉声が説かれているという『法句経《ほつくぎよう》』というインドの古い経典に「愚かな者を道伴《みちづ》れとするな。独りで行くほうがよい。孤独で歩め」（『ブッダの真理のことば、感興のことば』中村元《なかむらはじめ》訳、岩波文庫）という有名

な言葉がある。間違った考えのものと付き合うなということは、すべての仏教者が共通して説いている。

▼8 **諸仏《しょぶつ》の出世《しゅつせ》～祖師《そし》の西来《せいらい》あるべからず**　苦しみ迷う衆生《しゅじょう》を救うために諸仏《しょぶつ》が現れ、祖師《そし》（禅宗《ぜんしゅう》の祖である達磨大師《だるまだいし》）が西（インド）からやって来たのだという意味。

▼9 **仏祖《ぶつそ》**　ふつうは仏教の開祖釈迦《しゃか》を指すが、ここでは釈迦と禅《ぜん》の開祖である達磨大師《だるまだいし》。

▼10 **懺悔《さんげ》**　仏教では懺悔《さんげ》が非常に重要視される。過去の罪をしっかりと反省しないと、心が清浄にならない。心に曇りを抱えていると、悟りの境地に至ることができない。そして、本文にもあるように、懺悔することによって過去の罪業《ざいごう》は軽くなり、やがて消えると考えられている。

▼11 **恁麼《いんも》するとき**　「恁麼」は中国の俗語で、「かくの如く」「このように」という意味。中国の北宋《ほくそう》時代（一〇世紀ごろ）から禅《ぜん》の典籍で使われるようになった。「恁麼の時」はその時、「恁麼の人」はその人。

▼12 **情非情《じょうひじょう》**　一切の生きとし生けるもの。「情《じょう》」は感情を持つ者。「非情《ひじょう》」は感情を持たない者。

▼13 **身口意《しんくい》の三業《さんごう》**　「身《しん》」は身体による行為、「口《く》」は言葉による行為、「意《い》」は心が創り出す行為。それぞれの行為が業《ごう》（潜在的力）を造る。

▼14 **心念《しんねん》～発露白仏《ほつろびゃくぶつ》**　ここでは身口意《しんくい》の三業《さんごう》の実践を述べている。具体的には純粋な

信心《しんじん》（意《い》）、全身で仏に対する敬いの姿をあらわす（身《しん》）、罪を仏に告白する（口《く》）の三業《さんごう》である。この三業《さんごう》を実践すれば善い結果が得られ、救われるのだ。

▼15 **罪《つみ》の根元を完全に根絶《ねだや》してしまうのである**　罪を暴きだし告発すること。つまり、懺悔することが最も大切であるということを力説して締めくくっている。「銷殞《しょういん》」の「銷《しょう》」は「とかす」、「殞《いん》」は「なくす」という意味。

法華経《ほけきょう》　観世音菩薩普門品偈《かんぜおんぼさつふもんぼんげ》

『観音経《かんのんぎょう》』として親しまれているお経で、各宗派で法要などの折に幅広く読まれ、また、『法華経《ほけきょう》』を中心に発展した新仏教教団においても盛んに読まれ、信仰されている。観世音菩薩《かんぜおんぼさつ》（観音菩薩《かんのんぼさつ》）の来歴や功徳《くどく》について説かれており、すでにインドで観世《かんぜ》音菩薩《おんぼさつ》が盛んに信仰され、中国、日本でも爆発的な信仰を保ち続けてきた観音《かんのん》信仰のバイブルである。さらに、この経典に基づいて西国《さいごく》三十三観音霊場《かんのんれいじょう》などが整備され、今も多くの人々が霊場を巡っている。

『般若心経《はんにゃしんぎょう》』とともに最もポピュラーな経典として知られているが、『般若心経《はんにゃしんぎょう》』が写経などによく使われて、どちらかというと庶民的な信仰であるのに対して、『観音《かんのん》経《ぎょう》』はこの経典をいわば人生の糧として信仰している人が多い。その点で熱心な信仰を保ち続けているといえる。道元《どうげん》は「観音《かんのん》の慈眼《じがん》、我らをてらす」といってその功徳《くどく》をたたえている。曹洞宗《そうとうしゅう》では最重要経典のひとつである。

原文

世《せ》尊《そん》妙《みょう》相《そう》具《ぐ》
我《が》今《こん》重《じゅう》問《もん》彼《ぴ》
仏《ブッ》子《し》何《が》因《いん》縁《ねん》
名《みょう》為《い》観《かん》世《ぜ》音《おん》
具《ぐ》足《そく》妙《みょう》相《そう》尊《そん》
偈《げ》答《とう》無《む》尽《じん》意《に》
汝《にょう》聴《ちょう》観《かん》音《のん》行《ぎょう》

現代語訳

世尊《せそん》▼1（釈迦如来《しゃかにょらい》）は（三十二相《そう》八《はち》十《じっ》種好《しゅこう》などのわれわれ凡人にはない）優れた姿【妙相《みょうそう》】▼2（偉人の相）を具《そな》えていらっしゃる。私（無《む》尽意《じんい》菩《ぼ》薩《さつ》）はいま、重ねて観世《かんぜ》音《おん》菩《ぼ》薩《さつ》のことについてお尋ね申し上げる。

「仏の子はどういう因縁で、観世音《かんぜおん》と名付けられたのでしょうか」と。

（これに対して）優れたお姿を具えられた世尊《せそん》は次のような偈《げ》▼3（詩文）でお応《こた》えになられた。

「（これから）あなたに観音《かんのん》の優れた行《ぎょう》について話すので、よく聞きなさい。観音菩《かんのんぼ》薩《さつ》はあら

善《ぜん》応《のう》諸《しょ》方《ほう》所《しょ》
弘《ぐ》誓《ぜい》深《じん》如《にょ》海《かい》
歴《りゃく》劫《こう》不《ふ》思《し》議《ぎ》
侍《じ》多《た》千《せん》億《のく》仏《ぶつ》
発《ほっ》大《だい》清《しょう》浄《じょう》願《がん》
我《が》為《い》汝《にょ》略《りゃく》説《せつ》
聞《もん》名《みょう》及《ぎゅう》見《けん》身《しん》
心《しん》念《ねん》不《ふ》空《くう》過《か》
能《のう》滅《めつ》諸《しょ》有《う》苦《く》

ゆる場所から救いを求める、あらゆる人々の願いに応じてくれる。観音菩薩《かんのんぼさつ》が人々を救おうという誓願《せいがん》【弘誓《ぐぜい》】は海のように深いのだ。その深さは劫《こう》という長い時間が経っても言葉で言い表したり、心でおしはかることができない【不思議《ふしぎ》】▼4。（観音菩薩《かんのんぼさつ》は）何千億という仏に仕え、この上なく偉大で清らかな願い【大清浄願《だいしょうじょうがん》】▼5をおこして修行に励んだのだ。私はあなたのために略して（その要点を）説こう。

観世音菩薩《かんぜおんぼさつ》の名を聞き、その姿を見、心に念じ（イメージして）、空しく過ごすことがなければ、（観音菩薩《かんのんぼさつ》は）人々のあらゆる苦悩を滅してくれるだろう。

仮《け》使《し》興《こう》害《がい》意《い》　推《すい》落《らく》大《だい》火《か》坑《きょう》　念《ねん》彼《ぴ》観《かん》音《のん》力《りき》　火《か》坑《きょう》変《へん》成《じょう》池《ち》

或《わく》漂《ひょう》流《る》巨《こ》海《かい》　龍《りゅう》魚《ぎょ》諸《しょ》鬼《き》難《なん》　念《ねん》彼《ぴ》観《かん》音《のん》力《りき》　波《は》浪《ろう》不《ふ》能《のう》没《もつ》

或《わく》在《ざい》須《しゅ》弥《み》峯《ぶ》

たとえ、悪意のあるものが誰かを殺そうとして火坑《かきょう》に陥れたとしても、観音菩薩《かんのんぼさつ》の力を心に念ずれば、火坑は水をたたえた池に変わるだろう。あるいは大海原を漂流して、龍やさまざまな魚（怪魚）や鬼に出会い、危害を加えられても、観音菩薩《かんのんぼさつ》の力を念ずれば、逆巻く波も彼を溺《おぼ》れさせることはできないだろう。

あるいは須弥《しゅみ》山《せん》▼6の頂上から、誰かに突き落とされたとしても、観音菩薩《かんのんぼさつ》の力を念ずれば、太

為《い》人《にん》所《しょ》推《すい》堕《だ》
念《ねん》彼《ぴ》観《かん》音《のん》力《りき》
如《にょ》日《にち》虚《こ》空《くう》住《じゅう》
或《わく》被《ひ》悪《あく》人《にん》逐《ちく》
堕《だ》落《らく》金《こん》剛《ごう》山《せん》
念《ねん》彼《ぴ》観《かん》音《のん》力《りき》
不《ふ》能《のう》損《そん》一《いち》毛《もう》
或《わく》値《ち》怨《おん》賊《ぞく》繞《にょう》
各《かく》執《しゅう》刀《とう》加《か》害《がい》

陽のように虚空に留《とど》まっているであろう。あるいは悪人に追われて金剛山《こんごうせん》▼7から堕《お》ちたとしても、観音菩薩《かんのんぼさつ》の力を念ずれば、一本の毛さえも失うことなく無事でいられるだろう。

あるいは、怨《うら》みを持った賊に囲まれ、刀で切りつけられそうになっても、観音菩薩《かんのんぼさつ》の力を念ずれば、（極悪非道の）賊もことごとく慈しみ

念《ねん》彼《ぴ》観《かん》音《のん》力《りき》
咸《げん》即《そく》起《き》慈《じ》心《しん》
或《わく》遭《そう》王《おう》難《なん》苦《く》
臨《りん》刑《ぎょう》欲《よく》寿《じゅ》終《しゅう》
念《ねん》彼《ぴ》観《かん》音《のん》力《りき》
刀《とう》尋《じん》段《だん》段《だん》壊《え》
或《わく》囚《しゅう》禁《きん》枷《か》鎖《さ》
手《しゅ》足《そく》被《ひ》杻《ちゅう》械《かい》
念《ねん》彼《ぴ》観《かん》音《のん》力《りき》

の心を起こすだろう。あるいは、国王によって処刑されそうになっても、まさに命が断たれようとするとき、観音菩薩《かんのんぼさつ》の力を念ずれば、（斬首《ざんしゅ》に用いる）刀は粉々に壊れてしまうだろう。

あるいは、囚《とら》われの身になって首枷《くびかせ》、手枷《てかせ》、足枷《あしかせ》でがんじがらめに縛られても、観音菩薩《かんのんぼさつ》の力を念ずれば、すぐさま【釈然《しゃくねん》】解放【解脱《げだつ》▼8】されるだろう。さらに、誰かに呪《のろ》いとさまざまな毒薬によって、危害を加えられそうになって

釈《しやく》然《ねん》得《とく》解《げ》脱《だつ》
呪《しゆ》詛《そ》諸《しよ》毒《どく》薬《やく》
所《しよ》欲《よく》害《がい》身《しん》者《しや》
念《ねん》彼《ぴ》観《かん》音《のん》力《りき》
還《げん》著《じやく》於《お》本《ほん》人《にん》
或《わく》遇《ぐう》悪《あく》羅《ら》刹《せつ》
毒《どく》龍《りゆう》諸《しよ》鬼《き》等《とう》
念《ねん》彼《ぴ》観《かん》音《のん》力《りき》
時《じ》悉《しつ》不《ぷ》敢《かん》害《がい》

も、観音菩薩《かんのんぼさつ》の力を念ずれば、その呪いや毒薬の害はそれを加えようとした人に降りかかるだろう。

あるいは、極悪な鬼【羅刹《らせつ》】▼9や毒を持った龍▼10やさまざまな鬼などに遭遇したとき、観音菩薩《かんのんぼさつ》の力を念ずれば、彼らは敢《あ》えて害を加えないだろう。

また、もしも恐ろしい獣に取り囲まれて、その鋭い牙《きば》や爪に言いしれぬ恐怖を感じたとして

若《にゃく》悪《あく》獣《じゅう》囲《い》繞《にょう》
利《り》牙《げ》爪《そう》可《か》怖《ふ》
念《ねん》彼《ぴ》観《かん》音《のん》力《りき》
疾《しつ》走《そう》無《む》辺《へん》方《ぽう》
蚖《がん》蛇《じゃ》及《ぎゅう》蝮《ぶツ》蠍《かつ》
気《け》毒《どく》煙《えん》火《か》燃《ねん》
念《ねん》彼《ぴ》観《かん》音《のん》力《りき》
尋《じん》声《しょう》自《じ》回《え》去《こ》
雲《うん》雷《らい》鼓《く》掣《せい》電《でん》

も、観音菩薩《かんのんぼさつ》の力を念ずれば、彼らはすぐさま地の果てまで逃げ去ってしまうだろう。トカゲや蛇やマムシやサソリの毒気に侵されて火に焼かれるような苦痛を受けても、観音菩薩《かんのんぼさつ》の力を念ずれば、それらはたちどころに消え失《う》せてしまうだろう。また、雷が轟《とどろ》いて稲妻が走り、大雨や霰《あられ》が降り注いでも、観音菩薩《かんのんぼさつ》の力を念ずれば、それらはたちまち消え失せるだろう。

降《ごう》雹《ばく》澍《じゅ》大《だい》雨《う》
念《ねん》彼《ぴ》観《かん》音《のん》力《りき》
応《おう》時《じ》得《とく》消《しょう》散《さん》
衆《しゅ》生《じょう》被《ひ》困《こん》厄《やく》
無《む》量《りょう》苦《く》逼《ひっ》身《しん》
観《かん》音《のん》妙《みょう》智《ち》力《りき》
能《のう》救《ぐ》世《せ》間《けん》苦《く》
具《ぐ》足《そく》神《じん》通《ずう》力《りき》
広《こう》修《しゅう》智《ち》方《ほう》便《べん》

人々が困難や災いを被って、大変な苦しみが迫って来ようとしているとき、観音菩薩《かんのんぼさつ》の妙《たえ》なる力【妙智《みょうち》】▼11はこの世間から（一切の）苦しみを取り去るのである。（観音菩薩《かんのんぼさつ》は）神通力《じんずうりき》を具え、深遠な智慧《ちえ》を働かして巧みな手段【方《ほう》便《べん》】を駆使して人々を教え導き、あらゆる方角【十方《じっぽう》】にある多くの国土《こくど》に、どこの国土《こくど》であれ、姿を見せないことはないのだ。種々の悪い世界【悪趣《あくしゅ》】、すなわち、地獄《じごく》と餓鬼《がき》と畜生《ちくしょう》に生まれる苦しみ、そして、生老病死《しょうろうびょうし》▼12の苦しみから、（観《かん》

十《じッ》方《ぽう》諸《しょ》国《こく》土《ど》
無《む》刹《せつ》不《ふ》現《げん》身《しん》
種《しゅ》種《じゅ》諸《しょ》悪《あく》趣《しゅ》
地《じ》獄《ごく》鬼《き》畜《ちく》生《しょう》
生《しょう》老《ろう》病《びょう》死《し》苦《く》
以《い》漸《ぜん》悉《しっ》令《りょう》滅《めっ》
真《しん》観《かん》清《しょう》浄《じょう》観《かん》
広《こう》大《だい》智《ち》慧《え》観《かん》
悲《ひ》観《かん》及《ぎゅう》慈《じ》観《かん》

音《のん》菩《ぼ》薩《さつ》の力）によってことごとく滅せられるであろう。

また、観《かん》音《のん》菩《ぼ》薩《さつ》には真理（真実）を見極める力【真《しん》観《かん》】、清らかなもの（とそうではないもの）を見極める力【清《しょう》浄《じょう》観《かん》】、計り知れない深遠な智《ち》慧《え》の力【広《こう》大《だい》智《ち》慧《え》観《かん》】、すべてのものを慈しみ、救う力【悲《ひ》観《かん》及《ぎゅう》慈《じ》観《かん》】[13]が具わっている。

常《じよう》願《がん》常《じよう》瞻《せん》仰《ごう》
無《む》垢《く》清《しよう》浄《じよう》光《こう》
慧《え》日《にち》破《は》諸《しよ》闇《あん》
能《のう》伏《ぶく》災《さい》風《ふう》火《か》
普《ふ》明《みよう》照《しよう》世《せ》間《けん》
悲《ひ》体《たい》戒《かい》雷《らい》震《しん》
慈《じ》意《い》妙《みよう》大《だい》雲《うん》
澍《じゆ》甘《かん》露《ろ》法《ほう》雨《う》
滅《めつ》除《じよう》煩《ぼん》悩《のう》焔《えん》

常に願いを込めて仰ぎ見なさい！　穢《けが》れのない【無垢《むく》】、限りなく清らかな太陽のような智《ち》慧《え》の光【慧日《えにち》】はさまざまな迷いの闇を破り、災いの風と火を消して、広く世間を照らすであろう。観音菩薩《かんのんぼさつ》の悲《ひ》の心は雷が空を震わせるような勢いで、そして、その慈しみの心は妙なる大雲のように（雲が慈雨を降り注いで草木を潤すように）、悟りの助けになる教えの雨【甘露《かんろ》法雨《ほうう》】▼[14]を降り注ぎ、（激しく燃え盛る）煩悩《ぼんのう》の焔《ほのお》を消し去ってくれるだろう。

諍《じょう》訟《しょう》経《きょう》官《かん》処《しょ》
怖《ふ》畏《い》軍《ぐん》陣《じん》中《ちゅう》
念《ねん》彼《ぴ》観《かん》音《のん》力《りき》
衆《しゅう》怨《おん》悉《シツ》退《たい》散《さん》
妙《みょう》音《おん》観《かん》世《ぜ》音《おん》
梵《ぼん》音《のん》海《かい》潮《ちょう》音《おん》
勝《しょう》彼《ひ》世《せ》間《けん》音《のん》
是《ぜ》故《こ》須《しゅ》常《じょう》念《ねん》
念《ねん》念《ねん》勿《もっ》生《しょう》疑《ぎ》

たとえば、訴訟が起きて公の場で争っているとき、戦場に行って（言いしれぬ）恐怖を感じたとき、観音菩薩《かんのんぼさつ》の力を念ずれば、多くの怨みは（たちまち）消え去るであろう。

観音菩薩《かんのんぼさつ》の妙なる音（声）は梵天《ぼんてん》の発する清浄な音（声）やブッダ（釈迦《しゃか》）が説法する際に発する波のような大きな音（声）【梵音海潮音《ぼんのんかいちょうおん》】のようで、世間のすべての音よりも優れている。それ故（このように観音菩薩《かんのんぼさつ》はあらゆる面において優れているから）、常に観音菩薩《かんのんぼさつ》に思いを馳《は》せていなさい【是故須常念《ぜこしゅじょうねん》】。そして、思いを馳せるときには決して疑いの心を起こしてはならない！

観《かん》世《ぜ》音《おん》浄《じょう》聖《しょう》
於《お》苦《く》悩《のう》死《し》厄《やく》
能《のう》為《い》作《さ》依《え》怙《こ》
具《ぐ》一《イッ》切《さい》功《く》徳《どく》
慈《じ》眼《げん》視《じ》衆《しゅ》生《じょう》
福《ふく》聚《じゅ》海《かい》無《む》量《りょう》
是《ぜ》故《こ》応《おう》頂《ちょう》礼《らい》
爾《に》時《じ》。持《じ》地《じ》菩《ぼ》薩《さつ》。即《そく》
従《じゅう》座《ざ》起《き》。前《ぜん》白《びゃく》仏《ぶつ》言《ごん》。

観音菩薩《かんのんぼさつ》は清らかで神聖で、(われわれが)苦悩や、死や困難なことや災いに直面したとき、(力強い)拠《よ》り所《どころ》【依怙《えこ》】となってくれるのだ。(そして、)観音菩薩《かんのんぼさつ》は一切の功徳《くどく》を具《そな》え、慈しみの眼【慈眼《じげん》】をもって常に生きとし生けるものを見守っておられる。その福徳《ふくとく》【福聚《ふくじゅ》】は大海原のように広大無辺で尽きることがない。それ故、頭を地に付けて礼拝《らいはい》【頂礼《ちょうらい》】すべきである」

そのとき(このようにブッダ(世尊《せそん》)が述べ終わったとき)、持地菩薩《じじぼさつ》[15]がすぐに座から立ち上がって、前に進み、

世《せ》尊《そん》。若《にやく》有《う》衆《しゅ》生《じよう》。聞《もん》是《ぜ》観《かん》世《ぜ》音《おん》菩《ぼ》薩《さ》品《ほん》。自《じ》在《ざい》之《し》業《ごう》。普《ふ》門《もん》示《じ》現《げん》。神《じん》通《ずう》力《りき》者《しや》。当《とう》知《ち》是《ぜ》人《にん》。功《く》徳《どく》不《ふ》少《しよう》。仏《ぶッ》説《せつ》是《ぜ》普《ふ》門《もん》品《ほん》時《じ》。衆《しゅ》中《ちゆう》八《はち》万《まん》四《し》千《せん》衆《しゅ》生《じよう》。皆《かい》発《ほっ》無《む》等《とう》等《どう》阿《あ》耨《のく》多《た》羅《ら》三《さん》藐《みやく》三《さん》菩《ぼ》提《だい》心《しん》。

「もし、この観世音菩薩品《かんぜおんぼさっぽん》（『観音経《かんのんぎょう》』）に説かれている（観音菩薩《かんのんぼさつ》が）自由自在に（衆生《しゅじょう》を）救ってくれるという能力と、（観音菩薩《かんのんぼさつ》が）神《じん》通力《ずうりき》によって（救いを求める人があれば）どこにでも現れてくれるという力について聞く者がいれば、（その人は聞いただけで）大きな功徳《くどく》に与《あずか》ったと知るべきである」

と、言った。

世尊《せそん》が「普門品《ふもんぼん》（『観音経《かんのんぎょう》』）」とお説きになったとき、八万四千《はちまんしせん》▼[16]の人々は皆、（ブッダと同レベルの）最高の悟り【阿耨多羅三藐三菩提《あのくたらさんみゃくさんぼだい》】▼[17]を求める心を発したのである。

▼1 世尊《せそん》　釈迦牟尼世尊《しゃかむにせそん》というのがシャカの正式名称。「釈迦《しゃか》」は彼が属したシャカ族という部族の名。「牟尼《むに》」はサンスクリット語のムニの音写語で、聖者の意味。そして、「世尊《せそん》」は文字通り世の尊敬に値する人という意味だ。ふつうは略して「釈《しゃ》迦《か》」、あるいは親しみを込めて「お釈迦《しゃか》さま」「お釈迦《しゃか》さん」などと言っている

▼2 妙相《みょうそう》　如来《にょらい》にはわれわれ凡人には見られない、いわゆる偉人の相が具《そな》わっているという。時代が下るとそれが「三十二相《そう》、八十種好《はちじっしゅこう》」と呼ばれる、三十二の大きな特徴と、それに付随する八十の特徴にまとめられるようになった。たとえば、眉間《みけん》にあるホクロのようなものは「眉間白毫相《みけんびゃくごうそう》」といい、眉間に空いた穴の中に白い毛が渦を巻いて収まっている。如来《にょらい》が人を救おうと思ったときや優れた説法をするときにはその毛が外に伸びて光を放つという。これが救いの光明《こうみょう》だ。

▼3 偈《げ》　仏典は散文と韻文の組み合わせで著されている。ふつう、散文の次に韻文を重ねて散文の内容を繰り返すことが多い。韻文は散文の内容をより強調する意味があり、この箇所のように散文がなくて、いきなりブッダが偈《げ》(韻文)で応《こた》えたということは、如何《いか》に重要な内容を語っているかを示している。

▼4 不思議《ふしぎ》　サンスクリット語でアチントヤといい、「不可思議《ふかしぎ》」とも訳す。言葉で言い表したり、心でおしはかったりすることができないこと。ブッダの悟りの境地などを表し、『華厳経《けごんきょう》』や『維摩経《ゆいまぎょう》』は『不可思議解脱経《ふかしぎげだつきょう》』と呼ばれ、阿弥陀如来《あみだにょらい》は「不可思議光如来《ふかしぎこうにょらい》」とも呼ばれる。

▼5 **大清浄願《だいしょうじょうがん》**　如来《にょらい》は修行時代の菩薩《ぼさつ》のとき、衆生《しゅじょう》を救うために願《がん》（誓願《せいがん》）をたてて、それが実現可能になるように修行に励む。これを「大願《たいがん》」といい、阿弥陀如来《あみだにょらい》は菩《ぼ》薩《さつ》時代に四十八《しじゅうはち》の大願《たいがん》をたてて、とてつもなく長い間修行に励んだ結果、その願《がん》を実現可能にして悟りを開いた。また、薬師如来《やくしにょらい》は十二の大願《たいがん》をたてた。

▼6 **須弥山《しゅみせん》**　サンスクリット語のスメールの音写で、妙高《みょうこう》などともいう。仏教の世界観の中心に聳《そび》えるという、計り知れないほどの標高を持った山。

▼7 **金剛山《こんごうせん》**　『法華経《ほけきょう》』に登場する法起菩薩《ほうきぼさつ》の住処《すみか》とされる山。日本でも各地に金剛山《こんごうせん》と称する山があり、金剛山《こんごうせん》の山号をもつ寺院もある。

▼8 **解脱《げだつ》**　苦しみや迷いから解放されること。輪廻転生《りんねてんしょう》から解放されることで、悟りの意味。しかし、ここでは手枷《てかせ》、足枷《あしかせ》などの拘束から解き放たれることを意味している。

▼9 **羅刹《らせつ》**　いわゆる悪鬼で、神通力《じんずうりき》を具え、他人を惑わして喰《く》らうという。男の鬼はサンスクリット語でラークシャサ（羅刹婆《らせつば》）、女の鬼はラークシャシー（羅刹女《らせつにょ》）という。男の羅刹《らせつ》は極めて醜く獰猛《どうもう》で、羅刹女《らせつにょ》はみな絶世の美女だが、心は氷のように冷たく、残忍極まりないという。しかし、女性については力強く救ってくれるといい、『法華経《ほけきょう》』の「陀羅尼品《だらにほん》」には十人の羅刹女《らせつにょ》（十羅刹女《じゅうらせつにょ》）が女人成仏《にょにんじょうぶつ》を助けると説かれている。

▼10 **毒を持った龍**　龍はもともと蛇のことで、毒を持った龍はキングコブラのこと。

また、毒蛇は煩悩《ぼんのう》（欲望）にも譬《たと》えられることから、ここでは煩悩《ぼんのう》に取りつかれるという意味も含んでいる。

▼11 **妙智《みょうち》**　想像を絶するような力を発揮する原動力となる観音菩薩《かんのんぼさつ》の広大無辺の智慧《ちえ》。

▼12 **生老病死《しょうろうびょうし》**　この世に生まれて来ると、やがて老いに苦しみ、病に苦しみ、死の恐怖に苦しむ。そして、その根本の原因はこの世に生を受けたことである。仏教では生《しょう》老病死《ろうびょうし》の四つの苦《く》に、人と別離することに対する苦しみ（愛別離《あいべつり》苦《く》）、嫌な人と会わなければならない苦しみ（怨憎会《おんぞうえ》苦《く》）、求めるものが手に入らない苦しみ（求不得《ぐふとく》苦《く》）、そして、身の回りの実体のない存在が盛んに苦しみを創り出している（五蘊《ごうん》盛苦《じょうく》）という四つの苦《く》を加えて「四苦八苦《しくはっく》」という。

▼13 **観《かん》**　サンスクリット語でヴィパシャナー。観世音菩薩《かんぜおんぼさつ》の「観《かん》」にも表されているように、仏の深遠な正しい智慧《ちえ》でありのままの姿をとらえること。凡夫《ぼんぷ》が視覚で見るのとは違い、ものごとの紛れもない真実を即座に把握する力である。

▼14 **甘露法雨《かんろほうう》**　「甘露《かんろ》」はサンスクリット語のアムリタの訳で、「不死」という意味。悟りの境地を表す言葉である。「法《ほう》」はブッダの教えのことで、甘露法雨《かんろほうう》とは人々を悟り（甘露《かんろ》）に導くために、さまざまな手段で説法をし続けるという意味である。

▼15 **持地菩薩《じじぼさつ》**　地蔵菩薩《じぞうぼさつ》の異名。ブッダ（釈迦《しゃか》）が亡くなってから、五十六億七千万年後に弥勒菩薩《みろくぼさつ》がこの娑婆《しゃば》世界に降りて来て悟りを開き、すべての人々を救うまで、娑婆《しゃば》世界にはブッダ（仏）がいない「無仏《むぶつ》の時代」が続く。しかも、仏滅《ぶつめつ》後、千五

百年、あるいは二千年後には「末法《まっぽう》」と呼ばれる闇黒《あんこく》の世界が到来する。地蔵菩薩《じぞうぼさつ》は無仏《むぶつ》の時代をしっかりと守るようにと、釈迦《しゃか》から厳命されたといわれている。

▼16 八万四千《はちまんしせん》　大乗仏典《だいじょうぶってん》にはよく、釈迦《しゃか》は「八万四千《はちまんしせん》の法門《ほうもん》」を説いたという表現が出て来る。仏教では多数や数え切れないといった意味で、実数ではなく、膨大な数を表す常套句《じょうとうく》。

▼17 阿耨多羅三藐三菩提《あのくたらさんみゃくさんぼだい》　サンスクリット語のアヌッタラー・サンミャク・サン・ボーディの音写語で、「無上正等覚《むじょうしょうとうがく》」などと意訳される。悟りには次元の高いものから低いものまで、さまざまな階梯《かいてい》（レベル）があると考えられているが、阿耨多羅《あのくたら》三藐三菩提《さんみゃくさんぼだい》はブッダが到達した最高レベルの悟りとされる。

大乗《だいじょう》仏教では優れた経典を聞いたものはこの悟りに至るといわれ、『般若心経《はんにゃしんぎょう》』など多くの経典にも説かれる。サンスクリット語の「アヌッタラー」「サンミャク」「サン」はどれも「最高の」「最上の」という意味で、これらの形容詞を重ねることで、「この上ない悟り」という意味を強調している。また、「菩提《ぼだい》」は悟りの意味で、仏教の出発点は「発菩提心《ほつぼだいしん》」、すなわち、悟りを求める心（菩提心《ぼだいしん》）を発《おこ》すことにある。『観音経《かんのんぎょう》』を聞くだけで、衆生《しゅじょう》は最高の悟りを得ようとの心を発すということである。

般若心経《はんにゃしんぎょう》

『般若心経《はんにゃしんぎょう》』は浄土真宗《じょうどしんしゅう》を除くすべての宗派で読まれ、また、写経というとほとんど『般若心経《はんにゃしんぎょう》』が用いられる。一般の人にも親しまれる最も人気のある経典だ。

正しくは『仏説摩訶般若波羅蜜多心経《ぶっせつまかはんにゃはらみったしんぎょう》』という。「仏説《ぶっせつ》」とは多くの大乗《だいじょう》経典につけられる言葉で、「仏《ぶつ》」は釈迦《しゃか》の意味。文字どおり「釈迦《しゃか》が説いた（経典）」という意味である。「摩訶《まか》」は「大きい」という意味で、サンスクリット語のマハーを音写（サンスクリット語の発音を漢字の音で写すこと）したもの。「般若《はんにゃ》」はサンスクリット語のプラジュニャーの音写で「智慧《ちえ》」の意味。この経典の中心にもなっている悟りの智慧《ちえ》で、われわれ凡人が持ち合わせている知恵とは次元の異なる深遠なブッダの智慧《ちえ》だ。

「波羅蜜多《はらみた》」はサンスクリット語のパーラミターを音写したもので、「完成」あるいは「修行」を表し、「智慧《ちえ》の完成」、あるいは「智慧《ちえ》の完成に至る修行」を意味する。

また、「般若波羅蜜多《はんにゃはらみた》」は「到彼岸《とうひがん》」とも意訳される。彼岸《ひがん》とは悟りの世界のことで、悟りの世界に至る方法を説いた経典ということになる。「心《しん》」はサンスクリット語でフリダヤ。もともと「心臓」の意味であるが、そこから発して「中心」という意味になる。そして、「経《きょう》」はサンスクリット語でスートラ、「経典」の意味である。

以上をつなげると『般若心経《はんにゃしんぎょう》』は「仏《ぶっ》（陀《だ》）が説いた智慧《ちえ》の完成（到彼岸《とうひがん》）のための偉大な智慧《ちえ》を説いた経典」ということになる。

『般若心経《はんにゃしんぎょう》』の「色即是空《しきそくぜくう》」というフレーズは有名で、この経典は大乗《だいじょう》仏教の思想の根幹の一つである「空《くう》」の思想を説いたものだということはよく知られている。「空《くう》」とは世の中に存在するすべてのものに固定的な実体（特定の性質）がないということである。空《くう》の概念はすでに釈迦《しゃか》の時代からあった。釈迦《しゃか》は両極端に偏らない「中《ちゅう》道《どう》」の立場を貫き、悟りの境地に達することができたと考えられている。中道《ちゅうどう》とは起点を設けないということである。たとえば、ヨーロッパを起点に見れば日本は確かに極東だが、地球は丸いので、日本を起点にして見れば、イギリスあたりが極東ということになる。

凡人（凡夫《ぼんぶ》）はこのように起点を設けてそれに執着し、結果としてそれに縛られて争ったり、苦しんだりしているのだ。しかし、中道《ちゅうどう》の立場に立てば、極東が固定的な概念ではないことが分かり、それに対する執着も霧消する。この中道《ちゅうどう》の思想を大乗仏《だいじょう》教で発展させたのが「空《くう》」の思想である。

「色即是空《しきそくぜくう》」の「色《しき》」を色恋の色ととらえて、「恋は所詮《しょせん》、空しいもの」などといっている人がいる。しかし、このような解釈は間違いだ。仏教でいう「色《しき》」はすべての存在のこと。それが固定的な実体がないというのが「空《くう》」の思想である。

実体がないというのは分かりにくいが、すべてのものはやがて消滅する定めになっている。人間もいずれは死ぬ、そして永遠の輝きを放つといわれているダイヤモンドも遠い将来には炭素に分解する。しかし、人々はそれらの存在に永遠の実体を認めて執着するのだ。その執着から悩みや苦しみが生まれて来るのだ。

だから、すべての存在（色《しき》）は生々流転《せいせいるてん》していて、刹那《せつな》ごとに変化しているということをしっかりと認識すれば、執着から離れることができ、悩みや苦しみもなくなる。『般若心経《はんにゃしんぎょう》』では観自在菩薩《かんじざいぼさつ》がすべての存在（色《しき》）には固定的な実体がない（色即是空《しきそくぜくう》）ということを悟り、その結果、一切の苦しみから解放された（度一切苦厄《どいっさいくやく》）と説く。つまり、『般若心経《はんにゃしんぎょう》』は世の中の存在の本質は「空《くう》」だから、それにとらわれるな。とらわれなければ、すべての悩みや苦しみから解放されて平穏な日々を送ることができると説くのである。

道元《どうげん》は『正法眼蔵《しょうぼうげんぞう》』の中で独自の解釈を行い、江戸時代前期の曹洞宗《そうとうしゅう》の異端の僧天《てん》桂伝尊《けいでんそん》（一六四八〜一七三六）は「観自在菩薩《かんじざいぼさつ》とは汝《なんじ》自身である」という有名な言葉を残している。さらに良寛《りょうかん》や種田山頭火《たねださんとうか》も『般若心経《はんにゃしんぎょう》』を独自に解釈し、その実践に取りくんだ。

原文

観《かん》自《じ》在《ざい》菩《ぼ》薩《さつ》。行《ぎょう》深《じん》
般《はん》若《にゃ》波《は》羅《ら》蜜《み》多《た》時《じ》。
照《しょう》見《けん》五《ご》蘊《おん》皆《かい》空《くう》。度《ど》
一《いッ》切《さい》苦《く》厄《やく》。舎《しゃ》利《り》子《し》。
色《しき》不《ふ》異《い》空《くう》。空《くう》不《ふ》異《い》

現代語訳

観自在菩薩《かんじざいぼさつ》▼1（観世音菩薩《かんぜおんぼさつ》）が深遠な般若波羅蜜多《はんにゃはらみた》の修行を実践していたとき、すべての存在は、五蘊《ごうん》▼2という五つの構成要素でできており、しかも、その五蘊《ごうん》はすべて空《くう》である（その性質が空《くう》である）ということを悟った【照見五蘊皆空《しょうけんごうんかいくう》】。そのように悟ったことで、観自在菩薩《かんじざいぼさつ》は一切の苦しみや厄《やく》から逃れることができた。

舎利弗《しゃりほつ》▼3よ！（先に「五蘊《ごうん》はみな空《くう》である」と説いたが、ここでは五蘊《ごうん》の一つひとつについて

色《しき》。色《しき》即《そく》是《ぜ》空《くう》。空《くう》即《そく》是《ぜ》色《しき》。受《じゅ》想《そう》行《ぎょう》識《しき》。亦《やく》復《ぶ》如《にょ》是《ぜ》。舎《しゃ》利《り》子《し》。是《ぜ》諸《しょ》法《ほう》空《くう》相《そう》。不《ふ》生《しょう》不《ふ》滅《めつ》。不《ふ》垢《く》不《ふ》浄《じょう》。不《ふ》増《ぞう》不《ふ》減《げん》。是《ぜ》故《こ》空《くう》中《ちゅう》。無《む》色《しき》無《む》受《じゅ》想《そう》行《ぎょう》識《しき》。無《む》眼《げん》耳《に》鼻《び》舌《ぜツ》身《しん》意《に》。無《む》色《しき》声《しょう》香《こう》味《み》触《そく》法《ほう》。無《む》

吟味してみよう）色《しき》は空《くう》となんら異なるところがない。亦《また》、空《くう》は色《しき》と異なるところがない。色《しき》は即ち空《くう》であり、空《くう》は即ち色《しき》である【色即是空《しきそくぜくう》。空即是色《くうそくぜしき》】（概要を参照）。そして、受《じゅ》以下の五《ご》蘊《うん》についても同じことが言える。[4]

舎利弗《しゃりほつ》よ！　この世に存在するもの【是諸《ぜしょ》法《ほう》】はすべて、その本質において固定的な実体がない【空相《くうそう》】。[5]だから、生じたというものでも、滅《めつ》したというものでもなく【不生不滅《ふしょうふめつ》】、汚れたものでもなく、清浄なものでもない【不垢不《ふくふ》浄《じょう》】、増えることもなければ、減ることもない【不増不減《ふぞうふげん》】。それ故に、空性《くうしょう》においては色《しき》もなく、受《じゅ》もなく、想《そう》もなく、行《ぎょう》もなく、識《しき》もない。

また、眼も、耳も、鼻も、舌も、身（身体）も、心もない。また、眼や耳といった感覚器官の対象である色（色形）も、聴覚の対象である声《こえ》（音

眼《げん》界《かい》乃《ない》至《し》無《む》意《い》識《しき》界《かい》。無《む》無《む》明《みよう》亦《やく》無《む》無《む》明《みよう》尽《じん》。乃《ない》至《し》無《む》老《ろう》死《し》。亦《やく》無《む》老《ろう》死《し》尽《じん》。無《む》苦《く》集《しゅう》滅《めつ》道《どう》。無《む》智《ち》亦《やく》無《む》得《とく》。以《い》無《む》所《しょ》得《とく》故《こ》。菩《ぼ》提《だい》薩《サツ》埵《た》。依《え》般《はん》若《にゃ》波《は》羅《ら》蜜《み》多《た》故《こ》。心《しん》無《む》罣《けい》礙《げ》。無《む》罣《けい》礙《げ》故《こ》。無《む》有《う》

声）も、嗅覚《きゅうかく》（鼻）の対象である臭いも、味覚の対象である味も、身体の触覚の対象であるものも、心の対象である意識もない。そして、眼《げん》や識《しき》などそれぞれの感覚器官と、その対象である視覚や意識（心）を成り立たせている眼《げん》界や意識界といったものもない。

（空《くう》の世界では、六根《ろっこん》、六境《ろっきょう》、六識《ろくしき》からなる十《じゅう》八界《はちかい》▼6がないので）迷いの根源である無明《むみょう》もなければ【無無明《むむみょう》】、無明《むみょう》が尽きるということもない【亦無無明尽《やくむむみょうじん》】。そして、無明《むみょう》を原因としてこの世に生を受け、やがて、老いて死にゆく。

しかし、無明《むみょう》がなければ、生も、それに連なる老死もなく【無老死《むろうし》】、また、老死が尽きるということもない【無老死尽《むろうしじん》】。

また、世の中は「苦《く》」であり、苦《く》には原因があり（集《しゅう》）、だから苦は滅することができる

恐《く》怖《ふ》。遠《おん》離《り》一《いッ》切《さい》顛《てん》倒《どう》夢《む》想《そう》。究《く》竟《きょう》涅《ね》槃《はん》。三《さん》世《ぜ》諸《しょ》仏《ぶつ》。依《え》般《はん》若《にゃ》波《は》羅《ら》蜜《み》多《た》故《こ》。得《とく》阿《あ》耨《のく》多《た》羅《ら》三《さん》藐《みゃく》三《さん》菩《ぼ》提《だい》。故《こ》知《ち》般《はん》若《にゃ》波《は》羅《ら》蜜《み》多《た》。是《ぜ》大《だい》神《じん》呪《しゅ》。是《ぜ》大《だい》明《みょう》呪《しゅ》。是《ぜ》無《む》上《じょう》呪《しゅ》。是《ぜ》無《む》等《とう》等《どう》呪《しゅ》。能《のう》除《じょ》

【滅《めっ》】、そして、苦を滅するための方法【道《どう》】がある。これを四諦《したい》（苦の滅《めっ》に至る四つの真理）というが、苦は無明《むみょう》を原因としているので、無明《むみょう》がなければ四諦《したい》もないのである【無苦集滅道《むくじゅうめつどう》】。また、無明《むみょう》がなければ、たとえば修行を積んで得られるような高度な智慧《ちえ》もない【無智《むち》】。つまり、世俗的な智慧《ちえ》や知識から見ると次元の高い智慧《ちえ》も、完成された仏の智慧【般若波羅蜜多《はんにゃはらみた》】からすれば無に等しいのである。およそ世の中にあらわれている存在というものは仮の姿であって、その実体はないのである【無得《むとく》】[7]。

この世界にはいかなるものもない【無所得《むしょとく》】[8]。だから、菩薩《ぼさつ》は完璧《かんぺき》な仏の智慧《ちえ》【般若波羅蜜多《はんにゃはらみた》】をよりどころにして、こころの妨げなく安住しているのである【心無罣礙《しんむけいげ》】[9]。こころに妨げがないから、何かを恐れるということもない。

一《いッ》切《さい》苦《く》。真《しん》実《じつ》不《ふ》虚《こ》。故《こ》説《せつ》般《はん》若《にゃ》波《は》羅《ら》蜜《み》多《た》呪《しゅ》。即《そく》説《せつ》呪《しゅ》曰《わっ》。羯《ぎゃ》諦《てい》羯《ぎゃ》諦《てい》。波《は》羅《ら》羯《ぎゃ》諦《てい》。波《は》羅《ら》僧《そう》羯《ぎゃ》諦《てい》。菩《ぼう》提《じ》薩《そ》婆《わ》訶《か》。般《はん》若《にゃ》心《しん》経《ぎょう》。

存在しないものを、あたかも存在しているようにとらえることからも遠く離れ【遠離《おんり》一切顛《いッさいてん》倒夢想《どうむそう》】[10]、完全に開放された、自由な境地【究竟涅槃《くきょうねはん》】[11]に安住している。過去・現在・未来の三世《さんぜ》に現れるすべての仏は般若波羅蜜多《はんにゃはらみた》を拠《よ》り所《どころ》としているので【依般若波羅蜜多故《えはんにゃはらみたこ》】、完璧な悟りの境地に安住しているのだ【得阿耨多羅《とくあのくたら》三藐三菩提《さんみゃくさんぼだい》】。

それ故に（次のように）知るべきである。般若波羅蜜多《はんにゃはらみた》の偉大なマントラ[12]【是大神呪《ぜだいじんしゅ》】、偉大な明知のマントラ【是大明呪《ぜだいみょうしゅ》】、最上のマントラ【是無上呪《ぜむじょうしゅ》】、比類なきマントラ【是無等等呪《ぜむとうどうしゅ》】は、あらゆる苦悩を取り除いてくれるものであり【能除一切苦《のうじょいっさいく》】[13]、真実で偽りがない【真実不虚《しんじつふこ》】。（それでは）般若波羅蜜多《はんにゃはらみた》のマントラを説こう【説般若波羅蜜多呪《せつはんにゃはらみたしゅ》】。すなわち、そのマントラは以下の通りだ【即説呪曰《そくせつじゅわつ》】。
羯諦《ぎゃてい》。羯諦《ぎゃてい》。波羅羯諦《はらぎゃてい》。波羅僧羯諦《はらそうぎゃてい》。菩提薩《ぼうじそ》婆訶《わか》▼14。

ここに『般若心経《はんにゃしんぎょう》』のマントラを説き終わる。

▼1 観自在菩薩《かんじざいぼさつ》　一般には観世音菩薩《かんぜおんぼさつ》といわれ、略して観音菩薩《かんのんぼさつ》という。「観音《かんのん》さま」「観音《かんのん》さん」などと呼ばれて親しまれている。この菩薩《ぼさつ》は早くからインドで盛んに信仰されており、中国、日本に伝えられて熱狂的な信仰を生んだ。この人気絶頂の菩薩《ぼさつ》を主人公としたことに、『般若心経《はんにゃしんぎょう》』の作者（だれが作ったかは不明）の意図が感じられる。つまり、大乗《だいじょう》仏教の屋台骨の一つである「空《くう》」の思想を一人でも多くの人々に広めるために、当時、最も親しまれていた観音菩薩《かんのんぼさつ》を登場させたのだ。

▼2 五蘊《ごうん》　世の中の存在のあり方を五つの要素に分析したもので、蘊《うん》は集まりの意味。われわれ人間を含む世の中の存在は色《しき》・受《じゅ》・想《そう》・行《ぎょう》・識《しき》の五つの要素から成り立っている。色《しき》は物質的要素、受想行識《じゅそうぎょうしき》は精神的要素である。

色《しき》（蘊《うん》）は「形あるもの」。形あるものは壊れる性質を持つことから、「変化するもの」という意味になる。つまりわれわれの身体を含むすべての物質的存在のこと。

受《じゅ》（蘊《うん》）は感受作用のことで、外界からの刺激に対して何らかの感覚、知覚、印象などを持つこと。その受け入れ方に苦《く》、楽《らく》、不苦不楽《ふくふらく》の三種類がある。想《そう》（蘊《うん》）は感受したものの色や形などを心の中に思い浮かべ、それを表現し概念化すること。抽象的な概念の記憶などもこれに含まれる。行《ぎょう》（蘊《うん》）は意志（作用）のことで、対象に対して自らの意志で積極的に働きかけること。この働きかけが業《ごう》（未来に善悪の結果をもたらす潜在的な力）になる。識《しき》（蘊《うん》）は識別作用のこと。対象を区別し、認識することでもある。また、心作用全体を統括する働きも持ち、心そのものを指すこともある。

たとえば、花を例にとって五蘊《ごうん》の構造を説明すると次のようになる。

あるところに花が咲いていた。その花が「色《しき》」である。そして、ある人が通り掛かって、その花（色《しき》）を見ることが「受《じゅ》」である。さらに、その花が美しいとかそうでもないと感じることも受《じゅ》である。次に想《そう》は見て感じた花を、過去の記憶などを整理して、「これは花というものだったのだ」ということを認識すること。人は外界のさまざまな存在を概念化することで、「これは花である」「これは魚である」などと認識することができるのだ。行《ぎょう》は対象に対して働きかけること。つまり、見たものを受け入れて、それを花であると認識し、きれいな花ならそれを摘んで持って帰ろうなどという意思を持ち、さらにそれを行動に移すことである。そして、その行動（行為）が将来にわたって善悪の業《ごう》（結果）を残すことになるのだ。

最後に識《しき》は一連の精神的な働きを統括するものと考えてよい。外界にある色《しき》（存在）に対する受《じゅ》、想《そう》、行《ぎょう》をまとめる働きだ。

　今、花を例に五蘊《ごうん》の働きを説明したが、われわれは日々の生活の中で常に外界の色《しき》に対して、受《じゅ》・想《そう》・行《ぎょう》・識《しき》を働かせて生きている。しかし、この世の中を成り立たせている五つの要素（五蘊《ごうん》）は、何の実体もないものである（空《くう》である）ということを悟ったというのだ。

▼3　**舎利弗《しゃりほつ》**　釈迦《しゃか》の十大弟子の一人で、とくに悟りの智慧《ちえ》に関して優れた見地を持っており、「智慧《ちえ》第一」といわれている。舎利弗《しゃりほつ》が『般若心経《はんにゃしんぎょう》』の聞き手として登場するのは、この経典が仏の深遠な智慧《ちえ》の極意を説くからで、ここにも経典作者の意図が感じられる。

▼4　**受《じゅ》以下の五蘊《ごうん》についても同じことが言える**　色即是空《しきそくぜくう》　空即是色《くうそくぜしき》から始まって、受《じゅ》・想《そう》・行《ぎょう》・識《しき》についてもそれぞれの本質が「空《くう》」であると観察すべきである、という意味。

▼5　**空相《くうそう》**　サンスクリット語で空《くう》はシューニャ、または、シューニャターというが、厳密には両語の意味は少し異なる。シューニャは形容詞で、「空っぽの」「何も無い状態」、また、数学でいうとインド人が発見したゼロを意味する。いっぽう、シューニャターは抽象名詞で、「空《くう》であること」「空性《くうしょう》（その性質が空《くう》であること）」などと訳す。
『般若心経《はんにゃしんぎょう》』のサンスクリット語の原典では、シューニャターが使われているので、

五蘊皆空《ごうんかいくう》といった場合、単に「五蘊《ごうん》は空《くう》である。何も無い」という意味ではなく、「五蘊《ごうん》があって、その性質が空《くう》であること」という意味で「空相《くうそう》」、すなわち、空《くう》の本性を持っているということだ。

よく『般若心経《はんにゃしんぎょう》』は否定の経典と言われる。わずか二百六十六文字の中に「無」という文字が二十一回、「不」が九回、そして、「空」が七回、なんと合計三十七文字もの否定語が用いられている。しかも、「色不異空《しきふいくう》。空不異色《くうふいしき》」などと言って、二重に否定しているところが何箇所もある。

しかし、この否定の表現はあるものが「存在しない」ということを言っているのではなく、あるものの「性質が空《くう》であること」ということを表しているのだ。だから、最初に「照見五蘊皆空《しょうけんごうんかいくう》」といい、さらにここでは五蘊《ごうん》の一つひとつについて、その性質が空《くう》であることを説いている。

▼6　十八界《じゅうはちかい》　眼耳鼻舌身意《げんにびぜっしんに》の六根《ろっこん》が目や鼻などの感覚器官。その感覚器官の機能が視覚、聴覚、味覚などの六境《ろっきょう》。そして、それらを成り立たせている領域が六識《ろくしき》である。

▼7　無得《むとく》　「無得《むとく》」というと、損得の意味にとらえて、執着を離れて損得など考えるのではないという戒めのように感じるかもしれない。しかし、この「得《とく》」にはそういった意味はまったくない。この「得《とく》」のサンスクリット語はプラープティといい、非常に多くの意味があるが、ここでは「獲得する」「得る」などという意味で使われている。

世の中のあらゆる存在は五蘊《ごうん》が仮に和合して、何らかの実体らしきものが形成されている。その仮に形成されたものをプラープティ（得《とく》）という。そして、諸法空相《しょほうくうそう》であってみれば、当然そのようなプラープティは存在しない。だから、「無得《むとく》」といっているのである。無得《むとく》の原語はプラープティに否定辞のアをつけて、アプラープティという。

また、アプラープティという言葉には「分離させる」という意味もあり、「非得《ひとく》」とも訳される。つまり、五蘊《ごうん》が仮に融合したり（得《とく》）、分離したりする（非得《ひとく》）働きのことである。諸行無常《しょぎょうむじょう》の世の中では、五蘊《ごうん》は刹那《せつな》ごとに、仮に離合集散を繰り返している。これを「五蘊仮和合《ごうんけわごう》」という。

たとえば、音楽は一つひとつの音が生滅を繰り返すことによって成り立っているが、ドが音楽でもなければ、レが音楽でもない。しかも、ドレミファソラシドの音もごく短い時間の中で離合集散を繰り返し、変化し続けている。ところが、世間の人たちは、それを漠然と音楽ととらえ、音楽が好きだ、嫌いだといって、それに執着しているのだ。

音楽と同じように、世の中のすべてのものは「得《とく》」「非得《ひとく》」の繰り返しによって存在しているように見えているだけなのだ。だから、仏の智慧《ちえ》から見れば、得《とく》も非得《ひとく》もないということになるのである。

▼8 **無所得《むしょとく》**　ここでは世間一般にいう所得（収入）の意味ではない。この言葉は前出

の「無智《むち》」「無得《むとく》」を前提としている。得《とく》はサンスクリット語のプラープティが原語で、「獲得すること」「得ること」という意味。

▼9 **罣礙《けいげ》** さわり。障害という意味。

▼10 **顚倒夢想《てんどうむそう》** 「顚倒《てんどう》」は文字通り、真実を逆さまにとらえること。ここでは身の回りの存在が本当は五蘊仮和合《ごうんけわごう》で仮に存在しているにも拘《かかわ》らず、それらが実体のあるものとして実際に存在していると錯誤しているという意味。だから夢のような妄想だというのである。

▼11 **究竟涅槃《くきょうねはん》** 「涅槃《ねはん》」は悟りの意味。サンスクリット語でニルヴァーナという。ニルヴァーナとは「吹き消された状態」、すなわち、すべての活動が停止した絶対的な静寂の世界といわれている。われわれの心は常に変化し、喜怒哀楽の情に動かされている。そして、心が落ち着きを取り戻したとき、われわれは安堵《あんど》し、平安の中に安住する幸せを感じる。世俗の世界ではその平安の境地は長くは続かないが、ニルヴァーナは永遠に続き、完璧《かんぺき》な寂浄《じゃくじょう》の世界に安住してそこから出ることがないといわれている。そして、そのニルヴァーナ（涅槃《ねはん》）にもレベルがある。「究竟《くぎょう》」はこの上なく最上のという意味で、究竟涅槃《くぎょうねはん》は涅槃《ねはん》の境地の中でも最高のもの。阿耨多《あのくた》羅三藐三菩提《らさんみゃくさんぼだい》と同じである。

▼12 **マントラ** ダラニ（陀羅尼）ともいい、呪文《じゅもん》の一種。『般若心経《はんにゃしんぎょう》』ではマントラを「呪《しゅ》」と訳している。この呪《しゅ》は翻訳不可能で、言葉自体に霊力があると考えられて

いる。その呪《しゅ》が最後に示される「羯諦羯諦《ぎゃていぎゃてい》……」で、この部分はサンスクリット語の音写で示されている。

▼13 能除一切苦《のうじょいっさいく》　末尾の呪《しゅ》を称《とな》えると一切の苦しみが取り除かれるという意味。

▼14 羯諦《ぎゃてい》。羯諦《ぎゃてい》。波羅羯諦《はらぎゃてい》。波羅僧羯諦《はらそうぎゃてい》。菩提薩婆訶《ぼうじそわか》　この呪《しゅ》の部分は翻訳不能で、玄《げん》奘三蔵《じょうさんぞう》はこのような霊的な力のある言葉は意訳をしていない。これを「不訳《ふやく》」といい、言語を音写で表すのだ。ただし、だいたいの意味をとれば以下のようになる。「羯諦《ぎゃてい》」のサンスクリット語は「ガテー」、英語の「ゴー」に相当し、「行く」という意味。「波羅羯諦《はらぎゃてい》」はサンスクリット語で「パーラ・ガテー」、「パーラ」は「完全に」という意味で、「完全に行く」という意味。そして、「波羅僧羯諦《はらそうぎゃてい》」のサンスクリット語は「パーラ・サン・ガテー」。「サン」も「完全に」という意味で、完全にという言葉を重ねて「極めて完全に行く」という意味になる。そして、その行き先は「阿耨多羅三藐三菩提《あのくたらさんみゃくさんぼだい》（究竟涅槃《くきょうねはん》）」、完全な悟りの世界だ。

　そして、「菩提薩婆訶《ぼうじそわか》」は呪《しゅ》の最後に添えられる常套句《じょうとうく》で、サンスクリット語でボーディ・スヴァーハー。菩提《ぼうじ》（ボーディ）は「悟り」、スヴァーハーは「幸いあれ（グッド・ラック）」という意味で、「悟りの境地（彼岸《ひがん》）に行くものよ！　幸いあれ！」といった意味になる。

懺悔文《さんげもん》

自分がいままでに犯してきたさまざまな罪業《ざいごう》を仏の前で懺悔《さんげ》するときに読まれる文で、各宗派でよく読まれ、曹洞宗でも広く読まれている。『略懺悔《りゃくさんげ》』とも呼ばれる。過去に犯した罪や悪行を懺悔（反省）して、身心ともに清らかな状態にならなければ、悟りの境地に近づくことはできない。そこで、仏教でもキリスト教などとともに懺悔が重んじられる。

長短、さまざまな懺悔文があるが、この『懺悔文《さんげもん》』は『華厳経《けごんきょう》』「普賢行願品《ふげんぎょうがんぼん》」にあるもので、最もポピュラーなものだ。

葬儀や法要の最初に読まれ、身心ともに清らかな状態で、仏事に臨み、あるいは亡き人を送りだす。在家の人でも朝夕、仏壇に向かうときに、先《ま》ず『懺悔文《さんげもん》』を称《とな》える人もいる。

原文

我《が》昔《しゃく》所《しょ》造《ぞう》諸《しょ》悪《あく》業《ごう》
皆《かい》由《ゆ》無《む》始《し》貪《とん》瞋《じん》痴《ち》
従《じゅう》身《しん》語《ご》意《い》之《し》所《しょ》生《しょう》
一《いッ》切《さい》我《が》今《こん》皆《かい》懺《さん》悔《げ》

現代語訳

私たちが遠い昔から造ってきた悪い行い（や罪）【諸悪業《しょあくごう》】▼1は、みな、永遠の過去【無始《むし》】からの貪《むさぼ》り、怒り、愚痴【貪瞋痴《とんじんち》】▼2によるもので、身体と言葉と心【身語意《しんごい》】▼3の三つの器官の働きによって生じた行為である。いま、われわれはみ仏の前ですべてを懺悔《さんげ》する。

▼1 諸悪業《しょあくごう》　仏教では、人は遠い過去から輪廻転生《りんねてんしょう》を繰り返して現在に至っていると考える。したがってここでいう悪業《あくごう》は、人が生まれてから今までに犯した罪業《ざいごう》だけでなく、前生《ぜんしょう》での行いも含まれる。因果応報といわれるように、前生の行いが原因になって今があり、今生《こんじょう》での行いを原因として未来に善悪の結果が生まれる。だから、十分に懺悔《さんげ》して行いを改めることが極めて重要になってくるのだ。

▼2　**貪瞋痴《とんじんち》**　これを「三毒《さんどく》」といい、煩悩《ぼんのう》（欲望）を造り出す根本的な原因である（191ページ▼8も参照）。「貪《とん》」は貪欲《どんよく》というように、何かを求める強い欲望。「瞋《じん》」は瞋恚《しんに》といい、他人やものごとに対して怒りの心を起こすこと。「痴《ち》」は愚痴で、根本的な知恵の欠如である。

▼3　**身語意《しんごい》**　「身」は身体的な行い。たとえば、モノを盗んだり、他人に暴力を振るったりすること。「語」は言葉のことで、言葉はすぐに消えてしまうが、後に善悪の結果を残す。たとえば、他人の悪口を言ったり、罵倒《ばとう》したり、失言したりするとその報いを受ける。「意」は心のことで、心に思っていると、やがてそれが身や語になってあらわれ、善悪の結果をもたらす。

この三つを「身語《しんご》（口《く》）意《い》の三業《さんごう》」という。「業《ごう》」とは行い（行為）のことで、身体と言葉と心から発した業《ごう》が善悪の結果を生み出すというのである。そして、身語《しんご》意《い》の三業《さんごう》を慎むことにより、善行を行えば、善い結果を生じ、悟りに近づく。

開経偈《かいきょうげ》

文字通り、経典を読む前に唱えられる偈文《げもん》(詩文)で、浄土真宗《じょうどしんしゅう》以外の各宗派で共通して読まれる。

『法華経《ほけきょう》』の「随喜功徳品《ずいきくどくほん》」にある偈文《げもん》に基づいてつくられたと考えられているが、出典や作者などは不明である。

法要などに先だって先《ま》ず、前項で述べた『懺悔文《さんげもん》』を称《とな》え、それから各宗派の経典を読む前に称えられるのが、この『開経偈《かいきょうげ》』である。深遠で有り難く、めったに出会うことができない経典に出会えたことに感謝し、その経典の内容を正確に理解させてくれることを願うのが趣旨である。

原文

無《む》上《じょう》甚《じん》深《じん》微《み》妙《みょう》法《ほう》
百《ひゃく》千《せん》万《まん》劫《ごう》難《なん》遭《そう》遇《ぐう》
我《が》今《こん》見《けん》聞《もん》得《とく》受《じゅ》持《じ》
願《がん》解《げ》如《にょ》来《らい》真《しん》実《じつ》義《ぎ》

現代語訳

この上なく奥深く、絶妙な教え【無上甚深微妙法《むじょうじんじんみみょうほう》】▼1に巡り合うことは非常に難しいことで【難遭遇《なんそうぐう》】、とてつもなく長い時間【百千万劫《ひゃくせんまんごう》】を経過しても難しい。しかしながら、今、私はその教えに出会って、これを拝受することができた【受持《じゅじ》】▼2。そこで、願わくは、如来《にょらい》の真実の教え【如来真実義《にょらいしんじつぎ》】▼3を理解させていただきたい。

▼1　**無上甚深微妙法《むじょうじんじんみみょうほう》**　他の仏典にもよく出て来る表現で、「法《ほう》」はブッダの教え、つまり、仏教のこと。その教えが限りなく深遠で、完璧《かんぺき》なものであるということ。

▼2　**受持《じゅじ》**　貴い経典に出会い、それを自分のものとして保ち、信仰すること。『法華《ほけ》経《きょう》』には経典の功徳《くどく》として受持《じゅじ》・読誦《どくじゅ》・解説・書写を挙げている。「読誦《どくじゅ》」は声を

出して経典を読むこと。つまり、読経《どきょう》のことだが、文字を見ながら読むのを「読《どく》」、文字を見ないで空で読むのを「誦《じゅ》」という。「解説」は僧侶《そうりょ》など経典に精通した人が、その内容を分かり易く説き聞かせること。「書写」は書き写すこと、つまり、写経のことである。

▼3 **如来真実義《にょらいしんじつぎ》**　如来《にょらい》（ブッダ）は悠久の過去から、未来永劫《みらいえいごう》にわたって変わることのない、不易の真理（真実）を発見した。その真理の世界が悟りの世界で、真理のことを「真如《しんにょ》」という。如来《にょらい》は真如《しんにょ》の世界に到達し、そこから、この娑婆《しゃば》世界で迷い、苦しむ人々を救うために再び還《かえ》ってきたのである。真如《しんにょ》の世界からやって来た人という意味で「如来《にょらい》」と呼ばれる。歴史上、偉大な悟りを開いて如来《にょらい》（ブッダ）になったのは釈迦《しゃか》だけだが、大乗《だいじょう》仏教の時代になると、阿弥陀如来《あみだにょらい》や薬師如来《やくしにょらい》、毘盧遮《びるしゃ》那《な》如来《にょらい》、大日如来《だいにちにょらい》などさまざまな如来《にょらい》が登場してきた。

大悲心陀羅尼《だいひしんだらに》

禅宗《ぜんしゅう》寺院で葬儀や法事のときに読誦《どくじゅ》される。『千手千眼観世音菩薩広大円満無礙大《せんじゅせんげんかんぜおんぼさつこうだいえんまんむげだい》悲心陀羅尼経《ひしんだらにきょう》』という密教《みっきょう》の経典から陀羅尼《だらに》の部分を抜き出したもので、すべて真言《しんごん》（陀羅尼《だらに》）で書かれている。

玄奘三蔵《げんじょうさんぞう》は「五種不翻《ごしゅふほん》」といって漢訳しない言葉の筆頭に挙げている。陀羅尼《だらに》は呪《じゅ》文《もん》で言葉自体に霊力があり、発音することに効力があると考えられている。また、坐《ざ》禅《ぜん》の前に唱えると精神が集中するといわれている。

本来、陀羅尼《だらに》は翻訳しないのが決まりになっているが、小著では拙訳を試みた。

原文

南《な》無《む》喝《か》囉《ら》怛《たん》那《のう》。哆《と》囉《ら》夜《や》耶《や》。
南《な》無《む》阿《お》唎《り》耶《や》。婆《ぼ》盧《りょ》羯《き》帝《ち》爍《し》
盋《ふ》囉《ら》耶《や》。菩《ふ》提《じ》薩《さ》哆《と》婆《ぼ》耶《や》。摩《も》
訶《こ》薩《さ》哆《と》婆《ぼ》耶《や》。摩《も》訶《こ》迦《きゃ》嚧《る》尼《に》
迦《きゃ》耶《や》。唵《えん》。薩《さ》皤《は》囉《ら》罰《は》曳《え》数《しゅう》怛《たん》
那《のう》怛《とん》写《しゃ》。南《な》無《む》悉《し》吉《き》慄《り》埵《と》伊《い》
蒙《も》。阿《お》唎《り》耶《や》。婆《ぼ》盧《りょ》吉《き》帝《ち》室《し》仏《ふ》
囉《ら》。楞《りん》馱《とう》婆《ぼ》。南《な》無《む》那《の》囉《ら》謹《きん》墀《じ》
醯《き》唎《り》。摩《も》訶《こ》皤《ほ》哆《ど》。沙《しゃ》咩《み》薩《さ》婆《ぼ》。

現代語訳

仏法僧《ぶっぽうそう》の三宝《さんぼう》▼1【喝囉怛那《からたんのう》。哆囉夜耶《とらやや》】に帰依《きえ》いたします。聖なる観自在菩薩《かんじざいぼさつ》▼2に帰依《きえ》【南無《なむ》】いたします。また偉大なる士【菩提薩哆婆耶《ふじさとぼや》】に帰依《きえ》いたします。さらに偉大なる慈悲心を持った尊者に帰依《きえ》いたします。オーム▼3【唵《えん》】。そして、さまざまな恐怖に恐れ戦《おのの》く衆生《しゅじょう》を救済してくださる孔雀《くじゃく》のような慈悲深い心を持った聖者【悉吉慄埵伊蒙《しきりといも》。阿唎耶《おりや》。婆盧吉帝《ぼりょきち》】に心より帰依《きえ》いたします。

彼《か》の聖者に帰依《きえ》した後に、私はすべての目的を完璧《かんぺき》に成就《じょうじゅ》させてくれる聖なる観自在菩薩《かんじざいぼさつ》【阿唎耶《おりや》。婆盧吉帝《ぼりょきち》】の本体である「青頸《あおくび》」▼4という秘密の真言《しんごん》を称えましょう。

阿《お》他《とう》豆《じょ》輸《しゅ》朋《べん》。阿《お》遊《しゅ》孕《いん》。薩《さ》婆《ぼ》薩《さ》哆《と》。那《の》摩《も》婆《ぼ》伽《ぎゃ》。摩《も》罰《は》特《て》豆《ちょ》。怛《と》姪《じ》他《と》。唵《えん》。阿《お》婆《ぼ》盧《りょ》醯《き》。嚧《る》迦《ぎゃ》帝《ち》。迦《きゃ》羅《ら》帝《ち》。夷《い》醯《き》唎《り》摩《も》訶《こ》。菩《ふ》提《じ》薩《さ》埵《と》。薩《さ》婆《ぼ》薩《さ》婆《ぼ》。摩《も》囉《ら》摩《も》囉《ら》。摩《も》醯《き》摩《も》醯《き》。唎《り》馱《と》孕《いん》倶《く》盧《りょ》倶《く》盧《りょ》。羯《け》蒙《も》度《と》盧《りょ》度《と》盧《りょ》。罰《ほ》闍《じゃ》耶《や》帝《ち》。摩《も》訶《こ》罰《ほ》闍《じゃ》耶《や》帝《ちい》。陀《と》羅《ら》陀《と》羅《ら》。地《ち》唎《り》尼《に》。室《し》仏《ふ》囉《ら》耶《や》遮《しゃ》囉《ろ》遮《しゃ》囉《ろ》。麼《も》麼《も》罰《は》摩《も》囉《ら》。穆《ほ》帝《ち》隷《り》。伊《い》醯《き》伊《い》醯《き》。室《し》那《の》室《し》那《の》阿《お》

この真言《しんごん》はあらゆる目的を成就《じょうじゅ》させ、清浄で、何物にも打ち負かされることなく、迷いの世界（娑婆世界《しゃばせかい》）【沙咩薩婆《しゃみさぼ》】で輪廻転生《りんねてんしょう》して苦悩する衆生《しゅじょう》【輸朋《しゅべん》。阿遊孕《おしゅいん》。薩婆薩哆《さぼさと》】を完全に浄化して煩悩《ぼんのう》を取り払ってくれます。

オーム【唵《えん》】。偉大なる菩薩《ぼさつ》よ！【阿婆盧醯《おぼりょき》】（煩悩《ぼんのう》に）打ち勝った者よ！ 煩悩《ぼんのう》に打ち勝った者！【嚧迦帝《るぎゃち》】▼5 おー！ おー！【摩囉摩囉《もらもら》】救世主であるハリ神よ！ 偉大なる心を持った者よ！ すべての行いを成就《じょうじゅ》せる者よ！（真理を）顕現《けんげん》したまえ！ 顕現《けんげん》したまえ！ すべての行いを成就《じょうじゅ》して▼6山の頂に至らせたまえ！ 至らせたまえ！

勝利者よ【罰闍耶帝《ほじゃやちい》】！ 偉大なる【摩訶《もこ》】勝利者よ！（ともに悟りの境地に）至らせたまえ！ 至らせたまえ！【陀羅陀羅《とらとら》】【遮囉遮《しゃろしゃ》

囉《ら》嘇《さん》仏《ふ》羅《ら》舎《しゃ》利《り》。罰《は》沙《ざ》罰《は》嘇《ざ》。仏《ふ》囉《ら》舎《しゃ》耶《や》。呼《く》盧《りょ》呼《く》盧《りょ》。摩《も》囉《ら》呼《く》盧《りょ》呼《く》盧《りょ》。醯《き》唎《り》娑《しゃ》羅《ろ》娑《しゃ》羅《ろ》。悉《し》唎《り》悉《し》唎《り》。蘇《す》嚧《りょ》蘇《す》嚧《りょ》。菩《ふ》提《じ》夜《や》。菩《ふ》提《じ》夜《や》。菩《ふ》馱《ど》夜《や》菩《ふ》馱《ど》夜《や》。弥《み》帝《ち》唎《り》夜《や》。那《の》囉《ら》謹《きん》墀《じ》。地《ち》唎《り》瑟《しゅ》尼《に》那《の》。婆《ほ》夜《や》摩《も》耶《の》。娑《そ》婆《も》訶《こ》。悉《し》陀《ど》夜《や》。娑《そ》婆《も》訶《こ》。摩《も》訶《こ》悉《し》陀《ど》夜《や》。娑《そ》婆《も》訶《こ》。悉《し》陀《ど》喩《ゆ》芸《き》室《し》皤《ふ》羅《ら》耶《や》。娑《そ》婆《も》訶《こ》。那《の》囉《ら》謹《きん》墀《じ》。娑《そ》婆《も》訶《こ》。摩《も》羅《ら》那《の》羅《ら》。娑《そ》婆《も》訶《こ》。悉《し》

囉《ろ》】インドラ神▼7という自在主よ【謹墀《きんじ》】！　穢《けが》れから汚れを祓《はら》いたまえ！　祓《はら》いたまえ！　私の呼吸まったく解放された神聖なものよ！　私の呼吸の静寂を保ってくれる者よ！　来たれ！　来たれ！　世界の自在主よ！　貪《むさぼ》りの毒を消滅したまえ！　怒りの毒を消滅したまえ！▼8　愚痴《ぐち》の毒を消滅したまえ！

偉大なる力であらゆる煩悩《ぼんのう》を破壊したまえ！　破壊したまえ！　悟りよ！　幸いあれ！　幸いあれ！　偉大なる慈悲を具《そな》えた孔雀《くじゃく》のような聖者よ！▼9【菩駄夜菩駄夜《ふどやふどや》。弥帝唎夜《みちりや》。那囉謹墀《のらきんじ》】勝利の旗を見せてくれる聖者よ！【地唎瑟尼那《ちりしゅにの》。婆夜摩耶《ほやもの》】幸いあれ！【娑婆訶《そもこ》】目標を成就《じょうじゅ》せる聖者よ！【悉陀夜娑婆訶《しどやそもこ》】偉大な目標を成就《じょうじゅ》せる聖者よ！　幸いあれ！【摩訶悉陀夜《もこしどや》。娑婆訶《そもこ》】目標に向かって厳しい修行に耐える

囉《ら》僧《す》阿《お》婆《も》佉《ぎゃ》耶《や》。娑《そ》婆《も》訶《こ》。娑《そ》
婆《ぼ》魔《も》訶《こ》悉《し》陀《ど》夜《や》。娑《そ》婆《も》訶《こ》。者《しゃ》
吉《き》囉《ら》阿《お》悉《し》陀《ど》夜《や》。娑《そ》婆《も》訶《こ》。婆《ぼ》
哆《ど》摩《も》羯《ぎゃ》悉《し》哆《ど》夜《や》。娑《そ》婆《も》訶《こ》。那《の》
羅《ら》謹《きん》墀《じ》皤《は》伽《ぎゃ》羅《ら》耶《や》。娑《そ》婆《も》訶《こ》。
摩《も》婆《ほ》利《り》勝《しん》羯《ぎゃ》羅《ら》耶《や》。娑《そ》婆《も》訶《こ》。
南《な》無《む》喝《か》囉《ら》怛《たん》那《のう》哆《と》囉《ら》夜《や》耶《や》。
南《な》無《む》阿《お》利《り》耶《や》。婆《ぼ》盧《りょ》吉《き》帝《ち》。爍《し》
皤《ふ》囉《ら》夜《や》。娑《そ》婆《も》訶《こ》。悉《し》殿《て》都《ど》哪《や》
漫《も》多《ど》囉《ら》。跋《ほ》陀《ど》耶《や》。娑《そ》婆《も》訶《こ》。

ものよ！　聖なる孔雀《くじゃく》のような聖者よ！　幸いあれ！【悉《し》陀《ど》喩《ゆ》芸《き》室《し》皤《ふ》羅《ら》耶《や》。娑《そ》婆《も》訶《こ》】

獅子《しし》[10]のように勇猛なる聖者よ！　幸いあれ！【那《の》囉《ら》謹《きん》墀《じ》。娑《そ》婆《も》訶《こ》】　すべての目的を成就《じょうじゅ》した聖者よ！[11]　幸いあれ！　円輪を手にする聖者に幸いあれ！【那《の》囉《ら》謹《きん》墀《じ》。娑《そ》婆《も》訶《こ》】　蓮華《れんげ》を手にする聖者に幸いあれ！【摩《も》羅《ら》那《の》羅《ら》。娑《そ》婆《も》訶《こ》】　法螺貝《ほらがい》を吹き鳴らして人々を目覚めさせる聖者に幸いあれ！　大きく長い杖《つえ》を曳《ひ》く聖者に幸いあれ！【婆《ぼ》哆《ど》摩《も》羯《ぎゃ》悉《し》哆《ど》夜《や》。娑《そ》婆《も》訶《こ》】　右肩に黒い鹿の皮をまとった聖者に幸いあれ！【那《の》羅《ら》謹《きん》墀《じ》皤《は》伽《ぎゃ》羅《ら》耶《や》。娑《そ》婆《も》訶《こ》。】　虎の皮をまとった聖者に幸いあれ！【摩《も》婆《ほ》利《り》勝《しん》羯《ぎゃ》羅《ら》耶《や》。娑《そ》婆《も》訶《こ》】

三宝《さんぼう》に帰依《きえ》いたします。聖なる観自在菩薩《かんじざいぼさつ》に帰依《きえ》いたします【南《な》無《む》喝《か》囉《ら》怛《たん》那《のう》哆《と》囉《ら》夜《や》耶《や》】。幸いあれ！【南《な》無《む》阿《お》利《り》耶《や》。婆《ぼ》盧《りょ》吉《き》帝《ち》。爍《し》皤《ふ》囉《ら》夜《や》。

娑婆訶《そもこ》】偉大な真言《しんごん》に幸いあれ！【悉殿都唧《してどや》漫多囉《もどら》。跋陀耶《ほどや》。娑婆訶《そもこ》】

▼1　三宝《さんぼう》　仏法僧《ぶっぽうそう》。仏はブッダ、すなわち釈迦《しゃか》。法は釈迦《しゃか》の教え。僧は修行者のグループで、僧伽《そうぎゃ》（サンガ）という。この三者のうち、どれが欠けても仏教は成り立たないことから三つの宝（三宝《さんぽう》）という。

▼2　観自在菩薩《かんじざいぼさつ》　観世音菩薩《かんぜおんぼさつ》のこと。七世紀に玄奘三蔵《げんじょうさんぞう》が観世音菩薩《かんぜおんぼさつ》に新たな訳を加えた。観は仏の智慧《ちえ》ですべてを観察すること。世音は世の中の音声という意味で、苦しみ悲しみに喘《あえ》ぐ人々が助けを求める声。観世音菩薩《かんぜおんぼさつ》はその声を具に聴いてあらゆる手段で助けてくれる。玄奘《げんじょう》訳の観自在《かんじざい》は、自由自在に人々の声を聴いて、自由自在に助けてくれることに重きを置いたものだ。

▼3　オーム　アウムの三文字を合してオームと発音する。バラモン教、ヒンドゥー教、仏教などインドの諸宗教で共通に用いられる聖音。とくに密教《みっきょう》では「オン、コロコロマトウギ、ソワカ（薬師如来《やくしにょらい》の真言《しんごん》）」のように真言《しんごん》の末尾をしめるスヴァーハー（ソワカ）とともに多用される。オームはア、ウ、ムの三音からなり、仏教ではす

べての仏はこの三音を観想することによって悟りを得たと解釈される。

▼4 **青頸《あおくび》**　ヒンドゥー教のシヴァ神の別名。シヴァ神はインド最古の聖典、リグヴェーダの最初から登場する神で、『マハーバーラタ』などの叙事詩には千にも及ぶ異名がある。シヴァ神は衆生《しゅじょう》を救うために毒杯を仰ぎ、その毒によって首が青くなったという。また、大乗《だいじょう》仏教がヒンドゥー教などのインドの民族宗教のなかで布教する際に、シヴァ神を取り込んだものが観音菩薩《かんのんぼさつ》と考えられている。

▼5 **ハリ神**　ヒンドゥー教でシヴァ神とともに最高神とされるヴィシュヌ神のこと。ヴィシュヌも観音菩薩《かんのんぼさつ》に大きな影響を与え、観音菩薩《かんのんぼさつ》がさまざまな姿に変身して人々を救うという三十三変化《へんげ》身はヴィシュヌの三十三変化身に基づいている。

▼6 **山の頂**　彼岸《ひがん》。悟りの世界のこと。

▼7 **インドラ神**　インドの神話に登場する雷の威力を象徴した戦闘神である。神話の中ではブリトラという悪神を退治し、また、阿修羅《あしゅら》と戦って打ち負かしたことで知られている。稲妻を象《かたど》った古代インドの武器、ヴァジュラ（金剛杵《こんごうしょ》）を持つ。仏教に取り入れられて帝釈天《たいしゃくてん》となり、梵天《ぼんてん》とともに仏教の教えとそれを信じる人々を護《まも》る。

▼8 **貪《むさぼ》りの毒、怒りの毒、愚痴の毒**　これを貪瞋痴《とんじんち》の三毒《さんどく》といい、根本的な煩悩《ぼんのう》のこと。貪りは貪欲《どんよく》にものを欲しがる煩悩《ぼんのう》、怒り（瞋《いか》り）は人から言われた言葉や物事に腹を立てること。そして、痴《ち》は根本的な無知。この三毒《さんどく》が輪廻転生《りんねてんしょう》の原因となり、こ

れを断ち切ることによって悟りの境地に至ることができる。

▼9　**勝利の旗**　煩悩《ぼんのう》に打ち勝った印としての旗。

▼10　**獅子《しし》**　ブッダのこと。超人的な力を持つブッダは獅子に譬《たと》えられる。ブッダの説法は獅子吼《ししく》、その座った場所は獅子座《ししざ》という。また、説法した場所は獅子窟《しくつ》といい、大阪には獅子窟寺《ししくつじ》という古寺もある。

▼11　**すべての目的を成就した聖者**　厳しい修行に耐え、悟りを開いたブッダのこと。

普回向《ふえこう》

「回向《えこう》」とは振り向けるという意味である。

経典の読誦《どくじゆ》には大きな功徳《くどく》があるとされているが、読経《どきよう》してその功徳《くどく》を他の人々に振り向けることである。回向《えこう》することによって仏道《ぶつどう》（仏教の修行）が全うされることを願う。

また、「追善回向《ついぜんえこう》」という言葉をよく耳にすると思うが、こちらは亡くなった人が無事、成仏《じようぶつ》できるように一周忌や三回忌などの年忌法要などを行って、その功徳《くどく》を亡き人に振り向け、また、功徳《くどく》の一部は法要を営んだものにも振り向けられるのである。

この偈文《げもん》は『法華経《ほけきよう》』の「化城喩品《けじようゆほん》」の中にあるもので、各宗派で称《とな》えられ、曹洞《そうとう》宗《しゆう》でも法要《ほうよう》の際には必ず称《とな》えられるポピュラーな偈文《げもん》である。

原文

願《がん》以《に》此《し》功《く》徳《どく》
普《ふ》及《ぎゅう》於《お》一《いッ》切《さい》
我《が》等《とう》与《よ》衆《しゅ》生《じょう》
皆《かい》共《ぐ》成《じょう》仏《ぶっ》道《どう》

現代語訳

願うことなら、（読経《どきょう》などをすることによって生じた）この功徳《くどく》▼1を、
広く【普《ふ》】すべての生きとし、生けるものたち【一切《いッさい》】に及ぼし、
私たち【我等《がとう》】▼2と生きとし、生けるものたち【衆生《しゅじょう》】が、
みなともに【皆共《かいぐ》】、（悟りを開くための）仏教の修行【仏道《ぶつどう》】▼3を完成させたいものだ。

▼1　功徳《くどく》　修行や善行を積んだ結果、得られる果報。在家の人間は年忌法要を営んだり、墓参をしたりすることによって得られると考えられている。
▼2　我等《がとう》　法要を営み、読経《どきょう》をしたりして功徳《くどく》を積んだ「私たち」という意味。
▼3　仏道《ぶつどう》　悟りを開くための修行だが、利他《りた》（他者を利するための修行）を掲げる大乗《だいじょう》仏教では、自分が悟りを開いて救われるよりも他人を救うことが最優先される。

五観《ごかん》の偈《げ》

道元《どうげん》は『典座教訓《てんぞきようくん》』や『赴粥飯法《ふしゆくはんぽう》』を著し、生命の源である食事の意義とその効用、重要性、さらには食事作法などについて事細かに説いた（202ページを参照）。「五観《ごかん》の偈《げ》」は中国唐代の戒律《かいりつ》の大家で南山律宗《りつしゆう》の道宣《どうせん》という高僧がインドで作られた『四分律《しぶんりつ》』という戒律《かいりつ》の根本経典に注釈をつけた『四分律行事鈔《しぶんりつぎようじしよう》』の中から「五観《ごかん》の偈《げ》」を道俗のために訳したものである。これを道元《どうげん》が『赴粥飯法《ふしゆくはんぽう》』の中で引用し、日本でもよく知られるようになった。禅宗《ぜんしゆう》寺院をはじめとして食事の前に称《とな》えられる。飽食の時代にあって、食事とは何かをわれわれに再認識させてくれる格調高い内容で、さまざまな分野で高い評価を得ている。

原　文

一《ひとつ》には功《こう》の多少《たしょう》▼1を計《はか》り彼《か》の来《らい》処《しょ》▼2を量《はか》る。

二《ふたつ》には己《おのれ》が徳行《とくぎょう》▼3の全欠《ぜんけつ》▼4を忖《はか》って供《く》▼5に応《おう》ず。

三《みっつ》には心《しん》を防《ふせ》ぎ▼6過《とが》▼7を離《はな》るることは貪等《とんとう》▼8を宗《しゅう》とす。

四《よっつ》には正《まさ》に良薬《りょうやく》▼9を事《こと》とするは形枯《ぎょうこ》▼10を療《りょう》ぜんが為《ため》なり。

現代語訳

第一には私たちの前に食事が出てくるまでにどれだけの人々の手がかかっているかを考え、その食物が自分のところに来るまでにどんな人の手を経て、どういう理由でここに来たのかを考える。

第二には自分が（多くの人々の手を経て作られた）食事を食べるのに相応《ふさわ》しい徳行《とくぎょう》を積んでいるか、あるいは徳行を欠いているかを考える。

第三には食事をするということは、（精神を集中して）迷いの心をなくし、過ちを犯さないような人格を形成するための修行であるということをシカと心得るべきである。そして、貪《むさぼ》るような欲望と人やモノに腹を立てる怒り、根本的な無知にとくに注意しなければならない。

第四に、食事というものは良薬を飲むのと同じことであり、身体が痩《や》せ衰えるのを防ぎ、健全な肉体を養い育てることであると心得るべきである。

第五に、自分の人格を完成させるために、食事をするのだということをシッカリと認識しなければならない。

五《いつつ》には成道《じょうどう》▼11の為《ため》の故《ゆえ》に今此《いまこ》の食《じき》を受《う》く。

▼1　功《こう》の多少《たしょう》　自分の目の前にある食物にどれほど多くの人々が手間暇をかけているか。

▼2　彼《か》の来処《らいしょ》　自分の目の前にある食物がどのような経路で運ばれてきたか。

▼3　徳行《とくぎょう》　功徳《くどく》を具《そな》えた行い。

▼4　**全欠**《ぜんけつ》　完全か不完全か。

▼5　**供**《く》　施《ふせ》されること。供養されること。

▼6　**心**《しん》**を防ぎ**　心は常にあらぬところへ行ってしまう。それを防ぐために精神を集中すること。すなわち、坐禅《ざぜん》である。

▼7　**過**《とが》　悪しき行い。

▼8　**貪等**《とんとう》　貪るような強い欲望（貪欲《どんよく》）、人やモノに対する怒り（瞋り《いか》）、物事の真実を把握できない根本的な無知（愚痴）で、これを三毒《さんどく》といい、人間の煩悩《ぼんのう》の根底にある。

▼9　**良薬**《りょうやく》　食べ物は飢渇という飲食物が欠乏する病気を治す良薬である。「衣食足りて礼節を知る」といわれるように、人は飲食物が欠乏すると心が荒《すさ》み、倫理、道徳が保たれなくなる。これを治す良薬が飲食物である。

▼10　**形枯**《ぎょうこ》　形は身体のことで、身体が痩せ衰えること。

▼11　**成道**《じょうどう》　道を成す。完成すること。つまり、悟りの境地に至ること。釈迦《しゃか》は十二月八日の暁近くに悟りを開いたといい、この日に成道会《じょうどうえ》が営まれる。

◆道元の主な著作

『普勧坐禅儀《ふかんざぜんぎ》』

嘉禄《かろく》三年(一二二七)、道元《どうげん》は宋から四年ぶりに帰国し、建仁寺《けんにんじ》に寄寓《きぐう》した。このころの建仁寺《けんにんじ》は主に禅と密教《みっきょう》を併修する風潮が強かった。これに対して、道元《どうげん》は仏祖直伝の宋風の純粋禅を主張した(57ページを参照)。

本書は天童山如浄《てんどうさんにょじょう》から受けた仏祖正伝の純粋禅を主張した書で、栄西《えいさい》が説いた禅と密教《みっきょう》を融合した禅風からの独立宣言の書でもある。四六駢儷体《しろくべんれいたい》の格調高い文体で綴《つづ》られ、禅の本義、伝統、心得、作法などを説き、禅に関する基本的な考え方を示したわが国最初の禅の指導書である。

道元《どうげん》の真筆一巻は永平寺《えいへいじ》に納められており、国宝に指定されている。

『正法眼蔵《しょうぼうげんぞう》』

『正法眼蔵《しょうぼうげんぞう》』(九十五巻)とは釈迦《しゃか》(仏陀《ぶつだ》)が一生の間に説いた正法《しょうぼう》という意味である。道元《どうげん》が三十二歳から五十四歳で遷化《せんげ》するまで二十三年間の法話を和文で綴ったもので、仏教の教義、経典、生活のすべてにわたって道元《どうげん》の思想、見解が示されている。日本人の手による最高の哲学書として海外でも極めて評価が高い。

天福《てんぷく》元年（一二三三）、建仁寺《けんにんじ》を出た道元《どうげん》は京都の深草《ふかくさ》に興聖寺《こうしょうじ》を創建して宋風の純粋禅を主唱した。このときからその時々の禅や仏教、修行についての見解を綴った書で、興聖寺《こうしょうじ》では「摩訶般若波羅蜜《まかはんにゃはらみつ》」と「現成公案《げんじょうこうあん》」の二巻を書いた。その後、永平寺《えいへいじ》に移った後も書き続け、最終巻は道元《どうげん》が遷化《せんげ》した建長《けんちょう》五年（一二五三）に完成した。

『宝慶記《ほうきょうき》』

道元《どうげん》は入宋して二年後に天童山如浄《てんどうさんにょじょう》の門下になり、指導を受ける。入門から印可《いんか》を受けて帰国するまでの三年間の如浄《にょじょう》と道元《どうげん》との間の問答が克明に記され、坐禅の作法や心得も事細かに記されている。

「参禅《さんぜん》は身心脱落《しんじんだつらく》。焼香《しょうこう》、礼拝《れいはい》、念仏《ねんぶつ》、修懺《しゅうさん》、看経《かんぎん》を用《もち》いず。只管打坐《しかんたざ》するのみ」という如浄《にょじょう》の言葉も示されている。

本書は道元《どうげん》が遷化《せんげ》した直後に漢文の原本が見つかり、その年に懐奘《えじょう》が書写して一巻にまとめた。

『仏祖正伝菩薩戒作法《ぶつそしょうでんぼさつかいさほう》』

嘉禄《かろく》元年（一二二五）、在宋中の道元《どうげん》は如浄《にょじょう》から戒《かい》を授けられた。本書はその時の受戒《じゅかい》の儀式と作法を記録したものである。道元《どうげん》はすでに入宋《にっそう》前に比叡山《ひえいざん》で受戒《じゅかい》していたが、ここで新たに如浄《にょじょう》から仏祖正伝の菩薩戒《ぼさつかい》を受け、禅の正統を受け継ぐことになったのである。

菩薩戒《ぼさつかい》とは仏法僧《ぶっぽうそう》に帰依《きえ》する三帰《さんき》、自他に善行を行う三聚浄戒《さんじゅじょうかい》、不殺生戒《ふせっしょうかい》や不邪淫戒《ふじゃいんかい》、十重禁戒《じゅうじゅうきんかい》など十六条の戒《かい》で、仏戒《ぶっかい》とも呼ばれるもので、曹洞宗《そうとうしゅう》の戒《かい》の根本をなすものである。明治《めいじ》二十三年（一八九〇）に作られた「修証義《しゅしょうぎ》」の第三章に「受戒入位《じゅかいにゅうい》」として収められている。

『永平広録《えいへいこうろく》』

道元《どうげん》の没後、永平寺《えいへいじ》第二世の懐奘《えじょう》をはじめ数人の高弟によってまとめられた道元《どうげん》の語録。嘉禎《かてい》二年（一二三六）の興聖寺《こうしょうじ》での説法からはじまって、最晩年の永平寺《えいへいじ》での説法までを漢文十巻にまとめたもの。永平寺《えいへいじ》での語録を中心とすることから、「永平広録《えいへいこうろく》」と呼ばれている。

『学道用心集《がくどうようじんしゅう》』

参禅修行に最も重要な心得を十章に分けて解説したもの。先ず菩《ぼ》提心《だいしん》を起こす、正しい教えを見聞する、仏道は必ず実践修行で成就《じょうじゅ》するなど、弟子の教育に必要な心得が事細かに記されている。興聖寺《こうしょうじ》が創建された翌年の天福《てんぷく》二年（一二三四）に書かれ、今も曹洞宗《そうとうしゅう》の僧侶は修行時代に必読の書となっている。

『永平清規《えいへいしんぎ》』

清規《しんぎ》とは禅宗寺院での修行僧の生活規則を定めたもので、最初の清規《しんぎ》は百丈懐海《ひゃくじょうえかい》が定めた『百丈清規《ひゃくじょうしんぎ》』。そして日本で最初の清規《しんぎ》が、道元《どうげん》が永平寺《えいへいじ》で定めた『永平清規《えいへいしんぎ》』である。「典座教訓《てんぞきょうくん》」「弁道法《べんどうほう》」「赴粥飯法《ふしゅくはんぽう》」「吉祥山永平寺衆寮箴規《きっしょうざんえいへいじしゅりょうしんぎ》」「対大己五《たいだいこご》夏闍梨《げじゃり》法《ほう》」「日本国越前永平寺知事清規《にほんこくえちぜんえいへいじちじしんぎ》」の六部からなる。

道元《どうげん》の没後、原本は長きにわたって所在が分からなくなっていたが、寛文《かんぶん》七年（一六六七）、永平寺《えいへいじ》の光紹智堂《こうしょうちどう》によって刊行された。

「典座教訓《てんぞきょうくん》」は食事を司る典座《てんぞ》の重要性、食事を作ったり、食べるときの心得、道元《どうげん》が入宋したときに出会った老典座《てんぞ》のことなどが記されている。

「弁道法《べんどうほう》」は僧堂《そうどう》（座禅堂《ざぜんどう》）での坐禅《ざぜん》や睡眠、洗顔、袈裟《けさ》の着用法など、日常の修行生活の心得を詳細に記したもの。

「赴粥飯法《ふしゆくはんぽう》」は禅寺での朝食（粥《かゆ》）や昼食（飯）を取るときの作法や手順、心得を事細かに示している。

「吉祥山永平寺衆寮箴規《きつしようざんえいへいじしゆりようしんぎ》」は修行僧が生活をする衆寮での会話や礼儀作法、所持品などについて述べたもの。

「対大己五夏闍梨法《たいだいこごげじやりほう》」は修行年数が長い先輩の僧侶（対大己五夏闍《たいだいこごげじや》）に対する新参の僧の礼儀作法や心得を示したもの。

「日本国越前永平寺知事清規《にほんこくえちぜんえいへいじちじしんぎ》」は禅宗寺院で修行僧を取りまとめる重要な役職で、都《つう》寺《す》、監院《かんにん》、副寺《ふうす》、維那《いな》、典座《てんぞ》、直歳《しつすい》の六人で、これを「六知事《ろくちじ》」と呼んでいる。

都寺《つうす》は一切の寺務を司り、これを監督する役職で禅寺のトップ、住持《じゆうじ》（住職）のこと。

監院《かんにん》は副住職で、都寺《つうす》に代わって一切の寺務を監督する役職。曹洞宗《そうとうしゆう》以外の禅寺では監寺《かんす》という。

副寺《ふうす》は都寺《つうす》、監院《かんにん》の下で寺内の庶務を司る役職で、日常の金銭、米麦などの食料、衣に使う織物などの仕入れや管理を一手に引き受ける。現代の会社でいえば、経理部長のような役職で室町時代には南禅寺《なんぜんじ》や天龍寺《てんりゆうじ》など禅宗の大寺の副寺《ふうす》は大きな力を持っていた。

維那《いな》はインドで釈迦《しゃか》の時代から定められた役職で、サンスクリット語でカルマ・ダーナといい、羯磨陀那《かるまだな》と音写する。修行僧の雑事を司り、指導する役職。大きな寺院では上座《じょうざ》、寺主《じしゅ》、都維那《ついな》が修行僧を統制する。

典座《てんぞ》は禅宗寺院のコック長。禅宗寺院には今も典座寮《てんぞりょう》という厨房《ちゅうぼう》があり、そこに料理係の僧侶が朝夕の食事を作っている。食事は修行僧の健康を維持し、修行生活を円滑にする源である。そのことから典座寮《てんぞりょう》の長である典座《てんぞ》は六知事《ろくちじ》の一人として重責を担うのである。

直歳《しっすい》はもともと寺を訪れる参詣客や他寺の僧侶の接客係だったが、中国では修行僧の作務を管掌する重責を担うようになった。

『正法眼蔵随聞記《しょうぼうげんぞうずいもんき》』

永平寺第二世の孤雲懐奘《こうんえじょう》が嘉禎《かてい》年間（一二三五〜三八）の道元《どうげん》の教えを問答の形で書いたもの。「夜話に聞く」「一日示して曰《いわ》く」などの書き出しで、和文混淆《こんこう》体の分かり易い文章で綴られている。

道元《どうげん》の修行の遍歴、祖師たちにまつわる逸話、日常の修行生活で注意すべき教訓、懐奘《えじょう》との質疑応答などを収録したもので、後人の編集も加わっている。「学道の人は須《すべか》らく貧なるべし」という有名な言葉がある。『正法眼蔵《しょうぼうげんぞう》』と対をなす書として広く読まれている。


『傘松道詠集《さんしょうどうえいしゅう》』

道元《どうげん》作と伝えられる和歌と道歌、六十四首を後世の法孫たちがまとめたもので、延《えん》享《きょう》四年（一七四七）に刊行された。「春は花　夏ほととぎす　秋は月　冬雪さえて冷しかりけり」と永平寺《えいへいじ》の四季を詠った歌、また、亡くなった年に京都に逗留《とうりゅう》し、旧暦八月十五日に中秋《ちゅうしゅう》の名月を観たときに読んだ「また見んと　おもいしときの　秋だにも　今宵の月に　寝られやはする」などが収録されている。

道元《どうげん》はこの歌を詠った十三日後の八月二十八日に示寂《じじゃく》している。

◆瑩山紹瑾《けいざんじょうきん》の主な著作

『伝光録《でんこうろく》』

釈迦《しゃか》から達磨《だるま》を経て天童山如浄《てんどうさんにょじょう》、道元《どうげん》、懐奘《えじょう》に至るまでの五十三代にわたる仏祖正伝の状況を述べ、後代の修行僧の教則としてしようとしたのである。正安《しょうあん》四年（一三〇二）、一月から五十三回にわたって加賀《かが》の大乗寺《だいじょうじ》で行った瑩山紹瑾《けいざんじょうきん》の説法を弟子が筆録したもので、五十三章からなる和漢混淆《こんこう》文で綴られている。

それぞれの祖師について本則《ほんそく》（大悟《だいご》の主題）、機縁《きえん》（略伝）、拈提《ねんてい》（禅的意味づけ）、偈頌《げじゅ》（漢詩）の順で記されている。中国宋代の伝灯の書である「景徳伝灯録《けいとくでんとうろく》」や「五《ご》灯会元《とうえげん》」などの高僧伝を引き修行僧を激励する内容。また、拈提《ねんてい》には瑩山《けいざん》独特の禅に対する知見が示され、偈頌《げじゅ》で本則《ほんそく》への所感が示されている。

本書は道元《どうげん》の『正法眼蔵《しょうぼうげんぞう》』とともに曹洞宗《そうとうしゅう》の二大宗典として重んじられている。

『信心銘拈提《しんじんめいねんてい》』

中国禅宗の第三祖、僧璨《そうさん》は「信心銘《しんじんめい》」を著し、禅は本来、人間に備わっている仏心（仏性）を導き出すこと、つまり、悟りの境地に至ることを目的としていることを五百八十四文字の詩句で明らかにしている。瑩山《けいざん》は大乗寺《だいじょうじ》でこの「信心銘《しんじんめい》」を取り上げ、独自の見解で解釈し、禅の奥義を明らかにした。嘉元《かげん》元年（一三〇三）から正和《しょうわ》五年（一三一六）ごろ、漢文体でまとめられた。

『瑩山清規《けいざんしんぎ》』

正和《しょうわ》二年（一三一三）、瑩山紹瑾《けいざんじょうきん》は永光寺《ようこうじ》を開創して禅の道場にした。このときに作られたもので、正しくは「瑩山和尚清規《けいざんおしょうしんぎ》」という。道元《どうげん》の『永平清規《えいへいしんぎ》』をもとに懐奘《えじょう》や徹通義介《てつつうぎかい》の行法や中国禅林の清規《しんぎ》を参考に大乗寺《だいじょうじ》、永光寺《ようこうじ》の修行生活の規則を定めたもの。寺での行事を一日、一月、一年に分けて配列し、細かい規則を定めている。また、檀信徒《だんしんと》との融和を強調しているところに開かれた曹洞宗《そうとうしゅう》を目指した瑩山《けいざん》の意志が如実に表れている。

『坐禅用心記《ざぜんようじんき》』

瑩山紹瑾《けいざんじょうきん》が道元《どうげん》の『普勧坐禅儀《ふかんざぜんぎ》』をもとに著した書で、坐禅《ざぜん》の際の心得や注意事項を述べた指導書。先ず、坐禅《ざぜん》の意義を述べ、坐禅《ざぜん》に入る前の調心、調身、調息の仕方、参禅のときの坐法、眼の開き方、手の置き方、呼吸法などを事細かに述べている。また、坐禅《ざぜん》に適した環境、食事、衣服、生理上の注意にも言及している。漢文で一巻にまとめられている。

『洞谷記《とうこくき》』

瑩山紹瑾《けいざんじょうきん》が永平寺《えいへいじ》と袂《たもと》を分かって永光寺《ようこうじ》を開山した経緯、平成の動静、儀礼、作法、自伝、説法、偈頌《げじゅ》、和歌などが収録されており、初期の曹洞宗《そうとうしゅう》の状況を記したもので、北陸地方の中世の生活文化を知る上でも貴重な史料を提供している。正和《しょうわ》元年（一三一二）から正中《せいちゅう》二年（一三二五）の間に瑩山紹瑾《けいざんじょうきん》が断片的に記したものを、室町時代になって弟子たちが関連する文書を加えてまとめたものである。

コラム／転読《てんどく》――お経の拾い読み

経典を一巻すべて読むことを「真読《しんどく》」といい、経題やはじめと中、終わりの数行を読むことを「転読《てんどく》」という。古い仏典に、良い経典ははじめも中も終わりも良い、ということが釈迦《しゃか》の言葉として説かれている。そのことから、最初と中ごろ、終わりを読めば良い経典を読破したことになると考えられるようになった。

今でも年初に『大般若経《だいはんにゃぎょう》』六百巻の転読《てんどく》がよく行われている。二、三十人の僧侶《そうりょ》が集まって経本折の経典をアコーディオンのようにバラバラと繰りながら読経《どきょう》する光景が新年のニュースなどで流れることがある。

コラム／所作《しょさ》を重んじる永平寺《えいへいじ》の法要《ほうよう》

道元《どうげん》の只管打坐《しかんたざ》は日常の行住坐臥《ぎょうじゅうざが》すべてを坐禅《ざぜん》とみなし、あらゆる行動は「御仏の計らい」であるという。只管打坐《しかんたざ》を継承するのは總持寺《そうじじ》も同じだが、道元《どうげん》の教えを忠実に守る永平寺《えいへいじ》ではことのほか、日常の所作《しょさ》が重んじられる。

たとえば朝の洗面のときには顔を拭《ぬぐ》う回数や、食事の作法などすべて厳格に定められている。とりわけ、法要《ほうよう》のときの所作《しょさ》は完璧《かんぺき》な動作が求められる。

たとえば、法要《ほうよう》のときに経本を置くオーケストラの譜面台のような経台《きょうだい》がある。これの設置のしかたは、ただ、本尊《ほんぞん》の前に置くだけではない。先ず、係の僧侶が本堂の隅の方で経台の最下部を持って顔の辺りまで押し頂く。次に本尊《ほんぞん》を右手にして恭しく進み、本尊《ほんぞん》の前に出たら右向け右。今度は経台の支柱を滑らせて顔のところに経台の上部が来るようにして静かに床に置く。

まるで能や狂言を彷彿《ほうふつ》とさせるような所作《しょさ》である。

付録　曹洞宗《そうとうしゅう》の年中行事と法要《ほうよう》

修正会《しゅしょうえ》（一月一日～三日）

修正《しゅしょう》とは過去の過ちを改め、正しい道に進むという意味である。年の初めに昨年の反省をして、新しい年を正しく生きる決意をする年頭の法要《ほうよう》である。

修正会《しゅしょうえ》は宗派を超えて行われ、世界平和や万人の幸福、仏教の興隆などを祈る行事である。大勢の僧侶《そうりょ》が経本をアコーディオンのようにバラバラとさせながら読経《どきょう》する転読《てんどく》を行う寺が多い。

曹洞宗《そうとうしゅう》の寺では『大般若経《だいはんにゃぎょう》』六百巻を転読《てんどく》する「大般若会《だいはんにゃえ》」を行い、所願成就を祈願《きがん》する。

『大般若経《だいはんにゃぎょう》』は玄奘三蔵《げんじょうさんぞう》が膨大な数の「般若経典」を翻訳して一堂に会したもので、

「大般若会《だいはんにゃえ》」は玄奘《げんじょう》の仏恩に感謝する法要《ほうよう》でもある。

また、この法要《ほうよう》の後、『大般若経《だいはんにゃぎょう》』の力を封じ込めた「大般若札《だいはんにゃふだ》」が檀信徒《だんしんと》に配られる。檀信徒はこれを持ち帰って仏壇などに供え、家内安全、無病息災《むびょうそくさい》などの護符《ごふ》とする。

百丈会《ひやくじようえ》（一月十七日。百丈懐海《ひやくじようえかい》の命日）

百丈懐海《ひやくじようえかい》は唐代（九世紀）の禅の高僧で、百丈山に最初の禅宗《ぜんしゆう》寺院を開き、最初の禅《ぜん》寺《でら》の規律である『百丈清規《ひやくじようしんぎ》』を定めたことでも知られる（24ページを参照）。

毎年、一月十七日はこの禅宗《ぜんしゆう》の基盤を築いた百丈懐海《ひやくじようえかい》の祥月命日にあたり、各地の禅寺《ぜんでら》では報恩の法要《ほうよう》が営まれる。

宗祖降誕会《そうそごうたんえ》（一月二十六日。道元《どうげん》の誕生日）

道元《どうげん》の誕生日を祝い、これを契機に一層の精進を誓う。

涅槃会《ねはんえ》（二月十五日）

八十歳を迎えた釈迦《しやか》は郷里を目指して最後の旅に出たが、途中のクシナガラという町の郊外で体力尽きた。沙羅双樹《さらそうじゅ》（二本、あるいは二股《また》の沙羅の木）の間に寝台を設《しつら》え、右脇腹を下にし、頭を北に向けて弟子や信者に最後の説法をして入滅《にゆうめつ》した（亡くなった）といわれている。

涅槃《ねはん》とは釈迦《しやか》の死を意味し、中国や日本

ではそれが二月十五日のことといわれている。

この日に弟子や信者、鳥獣や虫などに囲まれて最期のときを迎えた光景を描いた「涅槃図《ねはんず》」を掲げて釈迦《しゃか》を追慕し、その仏恩に感謝する。この「涅槃会《ねはんえ》」は各宗派の寺で行われるが、釈迦《しゃか》を修行の目標とする禅《ぜん》宗《しゅう》寺院ではとくに重要な法要《ほうよう》である。

ちなみに、タイやミャンマー(ビルマ)、スリランカ(セイロン)などのいわゆる小《しょう》乗《じょう》仏教《ぶっきょう》の国では二月十五日は釈迦《しゃか》の誕生日となっており、この日には降誕会《ごうたんえ》が営まれる。

これは南に伝えられた小乗《しょうじょう》仏典とシルクロードを通って北に伝えられた大乗《だいじょう》仏典の伝承の違いによる。

彼岸会《ひがんえ》(三月の春分の日と九月の秋分の日を中心とする各七日間)

彼岸《ひがん》は春分の日と秋分の日を中心に前後の都合七日間。春分、秋分の両中日は国民の祝日とされ、戦後、制定された「国民の祝日に関する法律」には、春分の日は自然をたたえ、生き物を慈しむ日、秋分の日は先祖を敬い、亡くなった人を偲《しの》ぶ日と定められている。

また、中国では古くから春分、秋分の両日は昼夜等分といい、何をするにも好適日とされてきた。暑さ寒さも彼岸《ひがん》までという言葉があるように、活動しやすい季節なのである。

彼岸《ひがん》はサンスクリット語のパーラミター(波羅蜜多《はらみた》)の音写語(サンスクリット語の発音を漢字の音で写したもの)で、「到彼岸《とうひがん》」と意訳される。そして、われわれの住む娑婆《しゃば》世界(迷いの世界)である此岸《しがん》に対して、迷いを離れた悟りの世界を彼岸《ひがん》というのだ。

日本では彼岸会《ひがんえ》は盂蘭盆会《うらぼんえ》とともに二大仏教行事だが、盂蘭盆会《うらぼんえ》は中国発祥でインドにはない行事。さらに、彼岸会《ひがんえ》はインドはもとより、中国にもない日本独自の行事だ。鎌倉時代にやって来た中国人の禅僧《ぜんそう》が、その手記の中で「日本には彼岸会《ひがんえ》という独特の行事がある」と驚きをもって記している。

彼岸《ひがん》の時期は春秋とも農閑期に当たり、陽気が良くなり、心身ともに落ち着く時期に先祖を敬うという慣習があったようだ。仏教が伝えられて日本に定着すると、この期間に仏教の教えに触れてじっくりと人生を見つめようという慣習が生まれたものと考えられている。

花まつり(四月八日。釈迦《しゃか》の誕生日)

降誕会《ごうたんえ》、灌仏会《かんぶつえ》とも呼ばれる釈迦《しゃか》の誕生日。紀元前五世紀の四月八日、生まれたばかりの釈迦《しゃか》は右手を高々と挙げて人差指で天を指し左手は下に下げて人差指で地を指し、「天上天下唯我独尊《てんじょうてんげゆいがどくそん》(神々の棲《す》む天界でも人間の住む地上でも、ただ、私一人が尊い)」と言ったという。

その姿を象《かたど》った小さな釈迦《しゃか》像に甘茶を灌《そそ》いで聖者の誕生を祝う。釈迦《しゃか》が生まれたときに神々が祝福して甘露(悟りに導く霊水)

の雨を降らし、天界の美しい花の雨を降らしたという。この伝承にちなんで、花御堂という小さな堂の屋根をたくさんの花で飾り、誕生仏《たんじようぶつ》に甘茶を掛けるのである。

日本では古くからこの時期に野の花を摘んで供える慣習があり、それが釈迦《しやか》の誕生日と結合して花まつりになったと考えられている。西洋でいえば五月一日のメーデーのようなものだ。メーデーは労働者の祭典として知られるが、もともと農民などが花を摘んでふだんの労をねぎらう行事だった。

また生まれたばかりの釈迦《しやか》が「天上天下唯我独尊」と言ったというのはもちろん、伝承である。おそらく後世の仏教徒が釈迦《しやか》の思想に基づいて作った言葉だろう。

それにしても、この言葉はずいぶん独善的な響きがある。しかし、このなかの「我」という言葉は釈迦《しやか》自身を表すものではなく、全人類、ひいては生きとし生けるものすべてという意味である。

つまり、この広い宇宙の中で生きるすべての命が限りなく大切だという意味である。つまり人間の尊厳を高らかに宣言した言葉なのだ。

盂蘭盆会《うらぼんえ》（七月、または八月）

先にも述べたように、盂蘭盆会《うらぼんえ》と彼岸会《ひがんえ》は日本では二大仏教行事である。しかし、彼岸会《ひがんえ》はインドや中国にはない日本独自の行事。そして、盂蘭盆会《うらぼんえ》は中国発祥でインドにはない行事である。

中国で作られた『仏説盂蘭盆《ぶつせつうらぼん》』という偽経（インドで作られた仏典を中国で漢訳した

ことにして本当は中国人が作った偽のお経)には、盂蘭盆会《うらぼんえ》の起源について次のように説かれている。

釈迦《しゃか》の十大弟子(大勢の釈迦《しゃか》の弟子の中でもとくに優れた十人)の一人目連尊者《もくれんそんじゃ》は優れた神通力《じんづうりき》を身に付けていた。ある日、その神通力《じんづうりき》を使って早くに亡くなった母が死後の世界でどんな暮らしをしているのか見てみた。すると、母は餓鬼道《がきどう》(つねに飢餓に苦しめられる世界)に堕《お》ちてたいへんな苦しみを受けていることが分かった。

深い悲しみにとらわれた目連尊者《もくれんそんじゃ》はなんとか母を救う手だてはないかと相談した。すると、釈迦《しゃか》は餓鬼道《がきどう》に堕《お》ちたものを救うのは難しいが、一つだけ手だてがあると答えた。それは、安居《あんご》明けの修行僧たちにご馳走《ちそう》を振舞うことだという。

インドでは六月から九月の雨期の間は各地を巡歴して布教をしたり、聖地を巡礼することができない。だから、この期間は僧院に籠《こも》って坐禅《ざぜん》や問答《もんどう》、断食《だんじき》などの厳しい修行に励むのである。

そして、安居《あんご》が明けたときに厳しい修行に耐えた修行僧の労をねぎらってご馳走を振舞うのが習わしで、このときご馳走をすると無上の功徳《くどく》があると考えられていた。この釈迦《しゃか》の教えに従って、自らも厳しい安《あん》居《ご》期間を過ごして目連尊者《もくれんそんじゃ》は修行僧たちにご馳走を振舞ったという。その上で再び母の様子を見ると、天界で幸せに暮らしていたという。

このように、盂蘭盆会《うらぼんえ》の行事は厳しい修行に耐えた僧侶に飲食を施し、それによって施したものが功徳《くどく》を授かる行事なのだ。

両祖忌《りょうそき》(九月二十九日)

曹洞宗《そうとうしゅう》の開祖、高祖道元禅師《どうげんぜんじ》と總持寺《そうじじ》を開いた曹洞宗《そうとうしゅう》中興の祖、太祖瑩山紹瑾禅《けいざんじょうきんぜん》師《じ》の命日。道元禅師《どうげんぜんじ》は建長《けんちょう》五年(一二五三)、八月二十八日に、瑩山紹瑾禅師《けいざんじょうきんぜんじ》は正中《しょうちゅう》二年(一三二五)の八月十五日に亡くなった。

明治《めいじ》になって太陽暦が採用されると、この両日が偶然にも九月二十九日となった。そこで、明治十年に制定された「祖師忌改正条例」に基づき、この日を両祖忌《りょうそき》と定めた。

達磨忌《だるまき》(十月五日)

いうまでもなく禅宗《ぜんしゅう》の開祖、菩提達磨《ぼだいだるま》の命日。達磨大師《だるまだいし》はインドで生まれたと伝えられ、各地で修行したが、釈迦《しゃか》が悟りを開いたブッダガヤという町で菩提樹《ぼだいじゅ》を見たとき、釈迦《しゃか》と同じように坐禅《ざぜん》によって悟りを得ようと決意したという。

以降、インド各地を巡って坐禅《ざぜん》を組み、その後、海路、中国に入り嵩山少林寺《すうざんしょうりんじ》で九年間、壁に向かって坐禅《ざぜん》を組んだといわれ、その後、中国各地を巡って禅を広めたという。

禅宗《ぜんしゅう》の初祖は釈迦《しゃか》の坐禅《ざぜん》を直接、継承した大迦葉《だいかしょう》(十大弟子の一人で、仏弟子たちのリーダー格)とし、そこから数えて達磨《だるま》は二十八代目とされている。

この日は曹洞宗《そうとうしゅう》をはじめ、禅宗《ぜんしゅう》寺院では達磨《だるま》の軸を本堂に掲げ、法要《ほうよう》を営む。達磨《だるま》の徳に深く感謝し、それを実践して後世に伝えることを誓う法要《ほうよう》である。

太祖《たいそ》降誕会《ごうたんえ》(十一月二十一日)

總持寺《そうじじ》を開いた太祖、瑩山紹瑾禅師《けいざんじょうきんぜんじ》の誕生日を祝う法要《ほうよう》。太祖の仏恩に感謝し、その教えを広め、一層の精進を誓う日でもある。

成道会《じょうどうえ》

(十二月八日。釈迦《しゃか》が悟りを開いた日)

今から約二千五百年前の十二月八日の暁近く、釈迦《しゃか》は菩提樹《ぼだいじゅ》の下で悟りを開いたとされている。二十九歳で出家した釈迦《しゃか》は六年間の厳しい苦行《くぎょう》生活をしていた苦行《くぎょう》林を出て菩提樹《ぼだいじゅ》の下で静かに瞑想《めいそう》に入ったといわれている。その苦行《くぎょう》林から出た痩《や》せ衰えた姿を描いた軸を本堂に掲げて法要《ほうよう》を営み、仏徳に感謝する。

禅宗《ぜんしゅう》寺院では十二月一日から八日までの八日間にわたり「接心会《せっしんえ》」という厳しい修行が行われる。接心《せっしん》とはブッダの心に近づくという意味で、修行僧たちは僧堂《そうどう》(坐禅《ざぜん》堂)に籠って、坐禅《ざぜん》に励むのである。

除夜会《じょやえ》(十二月三十一日)

十二月三十一日の大晦日《おおみそか》の法要《ほうよう》。「除夜」という言葉には一年の暦を除くという意味があり、旧暦ではこの日が立春の前日に当たる。このことから、今もこの縁起の良い日に「立春大吉」の札を貼る寺が多い。

また、大晦日の恒例となっているのが除

夜の鐘である。禅宗《ぜんしゅう》寺院では古くは毎日夕刻に百八回鐘を撞《つ》く風習があったといい、今も除夜の鐘は百八回撞く。

百八は人間の煩悩《ぼんのう》の数といわれ、年内に百七回撞き、年が明けてから一回撞くところが多いようだ。除夜の鐘には旧年の汚れを祓《はら》い、清浄な気持ちで新年を迎えようとする意味が込められているのである。

施餓鬼《せがき》(随時)

地獄《じごく》、餓鬼《がき》、畜生《ちくしょう》、修羅《しゅら》、人間《にんげん》、天《てん》の六道《ろくどう》のうち、地獄《じごく》、餓鬼《がき》、畜生《ちくしょう》は三悪道《さんまくどう》と呼ばれる悪所で餓鬼道《がきどう》は常に飢餓に苦しめられる世界。その餓鬼道《がきどう》に堕ちたものが年に一度、腹いっぱい食べることができるのが施餓鬼会《せがきえ》で、施食会《せじきえ》とも呼ばれる。

平安末期に描かれた「餓鬼草子」などには下腹部だけが膨らみ、全身は痩せ衰えて髪は抜け落ちてぼさぼさになり、尖《とが》った小さな口の餓鬼《がき》の姿が克明に表現されている。

彼らは食べ物を見つけて食べようとしてもその小さな口では米粒半分ぐらいしか食べることができず、とうてい空腹を満たすことができない。また、食べ物に近づくとそれが火に変わってしまう。

十大弟子の一人、阿難《あなん》が焔口《えんく》餓鬼《がき》というものの請いに応じて飲食を施したのが起源といわれているが、発祥についてははっきりしたことは分からず、盂蘭盆会《うらぼんえ》と同じくおそらく中国ではじまったものと考えられ、日本でとくに発展した。

日本では「三界万霊《さんかいばんれい》」「戦没者之霊位」あるいは「震災被災者之霊位」などと書かれた位《い》

牌《はい》を施餓鬼《せがき》棚に据えて施餓鬼会《せがきえ》を営む。また、一年以内に亡くなった新仏の追善供養《ついぜんくよう》の法要《ほうよう》でもある。

施餓鬼《せがき》棚は本堂の外に向かって設けられ、棚の上にはたくさんの食べ物が並べられる。これは醜い姿をした餓鬼《がき》が人に見られるのを憚《はばか》るからで、かつては本堂の脇の外に棚を設けた。

また、施餓鬼《せがき》棚の下には小さな塗りのお膳《ぜん》に一汁三菜ぐらいをのせた仏飯を供える。これも人目を憚る餓鬼《がき》が食べやすいようにとの配慮だ。そして、僧侶たちは大半を本《ほん》尊《ぞん》を背にして外に向かって法要《ほうよう》を営む。

施餓鬼会《せがきえ》の日取りについては各寺院でまちまちである。この法要《ほうよう》はかなり大がかりなものなので、地域の教区の寺院十数ヵ寺が手伝って執り行われる。従って、同じ教区では同時にはできないのだ。

春秋の彼岸《ひがん》の時期を避けて五月や十月に営む寺院が少なくない。ただし、盂蘭盆会《うらぼんえ》の前後に営む寺院も多い。この場合、檀家《だんか》の人たちは施餓鬼《せがき》と盂蘭盆会《うらぼんえ》は一連の行事だと思っていることが多い。しかし、二つの法要《ほうよう》は趣旨を異にしているのだ。

開山忌《かいざんき》・先住忌《せんじゆうき》(随時)

各寺院の開山和尚の命日の法要《ほうよう》。開山の徳に感謝し、それに報いて寺をさらに発展させることを誓う。また、とくに古い寺では中興開山がある場合が多い。この場合、中興開山の命日にも法要《ほうよう》を営み、その徳に感謝する。さらに、開基がいる寺もある。

開基は実際に資金を出したりする人のこ

とで、たとえば、鎌倉の建長寺《けんちょうじ》の開山は蘭《らん》渓道隆《けいどうりゅう》という中国僧、開基は執権北条時《ほうじょうとき》頼《より》である。この開基の命日にも法要《ほうよう》を営むことが多い。

〈関連年表〉

年号	主な出来事
延暦一三（七九四）	平安京遷都。
延暦二三（八〇四）	最澄・空海入唐。
延暦二四（八〇五）	最澄、唐より帰朝。
大同元（八〇六）	空海、唐より帰朝。
弘仁七（八一六）	空海、高野山を開創。
弘仁一三（八二二）	最澄、没（七六七〜）。
弘仁一四（八二三）	空海、教王護国寺（東寺）を下賜され、密教寺院に改める。
承和二（八三五）	空海、没（七七四〜）。
天慶元（九三八）	空也、京都で念仏を広める。浄土教が流行する。
天禄三（九七二）	空也、没（九〇三〜）。
寛弘三（一〇〇六）	興福寺の僧兵、強訴。
永承七（一〇五二）	末法の世のはじまりといわれ、末法思想が流行。
天喜元（一〇五三）	宇治平等院鳳凰堂を建立。
天治元（一一二四）	藤原清衡、中尊寺金色堂を建立（〜一一二六）。
長寛二（一一六四）	平家納経が盛んになる。
仁安三（一一六八）	栄西、第一回目の入宋、帰国。
承安五（一一七五）	法然、浄土宗を開く。

治承四	（一一八〇）	平重衡、東大寺を焼き討ち。奈良の都が焦土と化す。
元暦二	（一一八五）	長門壇ノ浦で平氏滅亡。
文治三	（一一八七）	栄西、二回目の入宋。
建久二	（一一九一）	栄西、宋より帰国。
建久三	（一一九二）	源頼朝、征夷大将軍となる。
建久六	（一一九五）	東大寺大仏再建。
建久九	（一一九八）	懐奘、生まれる。栄西、『興禅護国論』を著す。法然、『選択本願念仏集』を著す。
正治二	（一二〇〇）	道元、生まれる。
建仁元	（一二〇一）	栄西を開山に鎌倉寿福寺が創建される。
建仁二	（一二〇二）	栄西、建仁寺を開く。
建暦二	（一二一二）	道元、比叡山の横川で出家。法然、没（一一三三〜）。
建保元	（一二一三）	道元、天台座主公円のもとで得度。
建保二	（一二一四）	栄西、『喫茶養生記』を著す。
建保三	（一二一五）	懐奘、比叡山横川で出家。栄西、没（一一四一〜）。
建保六	（一二一八）	道元、建仁寺の明全の門下になる。
承久四	（一二二二）	日蓮、生まれる。
貞応二	（一二二三）	道元、明全とともに入宋。
元仁元	（一二二四）	親鸞、『教行信証』を著す。
安貞元	（一二二七）	道元、宋より帰国。

安貞二	（一二二八）	懐奘、道元に会う。
天福元	（一二三三）	道元、京都に興聖寺を創建。『普勧坐禅儀』を著す。『正法眼蔵』の執筆開始。
文暦元	（一二三四）	懐奘、道元の門下になる。
仁治二	（一二四一）	徹通義介、道元に参じる。
寛元元	（一二四三）	道元、越前に移る。
寛元二	（一二四四）	道元、大仏寺（三年後に永平寺と改称）を創建。
建長五	（一二五三）	道元、没（一二〇〇〜）。懐奘、永平寺第二世となる。鎌倉の建長寺創建。日蓮、鎌倉で布教をはじめる。
文応元	（一二六〇）	日蓮、『立正安国論』を著す。
弘長二	（一二六二）	親鸞、没（一一七三〜）。
文永五	（一二六八）	瑩山紹瑾生まれる。
文永一一	（一二七四）	一遍、念仏を広める。時宗の基礎ができる。この年、元軍が九州に襲来（弘安四年にも再来。元寇）。
建治元	（一二七五）	瑩山紹瑾、比叡山で出家。
建治二	（一二七六）	峨山韶碩生まれる。
弘安元	（一二七八）	寂円、宝慶寺（福井県）を開創。
弘安三	（一二八〇）	瑩山紹瑾、懐奘のもとで得度。懐奘、没（一一九八〜）。
弘安五	（一二八二）	日蓮、没（一二二二〜）。
弘安九	（一二八六）	瑩山紹瑾、宝慶寺の寂円に参禅。

正応二	（一二八九）	徹通義介、大乗寺（石川県）を開く。
正応四	（一二九一）	峨山韶碩、比叡山で出家。
正安元	（一二九九）	峨山韶碩、瑩山紹瑾に参じる。寂円、没（一二〇六）。
正安二	（一三〇〇）	瑩山紹瑾、『伝光録』を開示。
正和二	（一三一三）	瑩山紹瑾、能登に永光寺を開く。
元亨元	（一三二一）	瑩山紹瑾、能登に總持寺（現在の總持寺祖院）を開く。
正中元	（一三二四）	峨山韶碩、瑩山紹瑾の法灯を継ぎ、總持寺第二世となる。
正中二	（一三二五）	瑩山紹瑾、没（一二六八～）。
元弘三	（一三三三）	鎌倉幕府滅亡。翌年より後醍醐天皇、建武の新政を行う。
建武三	（一三三六）	足利尊氏、建武式目を制定。同年、後醍醐天皇が吉野に移る（南北朝の動乱はじまる）。
興国元	（一三四〇）	峨山韶碩、永光寺に輪住する。
正平二一	（一三六六）	峨山韶碩、没（一二七六～）。
応仁元	（一四六七）	応仁の乱はじまる。
長享二	（一四八八）	加賀の一向一揆起こる（～一五八〇）。
天文元	（一五三二）	畿内各地で一向一揆、法華一揆が盛んになる。
天文五	（一五三六）	天文法華の乱起こる。比叡山の僧徒、京都の日蓮宗徒を破る。
天文一八	（一五四九）	フランシスコ・ザビエル来日。キリスト教を伝える。
永禄一二	（一五六九）	織田信長、キリスト教の布教を許す。
元亀二	（一五七一）	織田信長、比叡山を焼き討ち。

天正三（一五七五）	織田信長、越前の一向一揆を平定。
天正七（一五七九）	鈴木正三、生まれる。日蓮宗と浄土宗の論争（安土宗論）。
天正一〇（一五八二）	天正遣欧使節団が派遣される（一五八五年、ローマ教皇と面会）。この年、本能寺の変で信長横死。
天正一五（一五八七）	豊臣秀吉、バテレン（キリスト教徒）追放令を出す。
慶長五（一六〇〇）	関ヶ原の戦いで、徳川家康率いる東軍が勝利。
慶長八（一六〇三）	出雲の阿国が歌舞伎踊りを始める。この年、徳川家康、征夷大将軍となり、江戸に幕府を開く。
慶長一三（一六〇八）	日蓮宗と浄土宗の論争（江戸宗論）。
慶長一七（一六一二）	幕府、キリシタン禁止令を出す。
慶長一八（一六一三）	幕府、修験道法度を制定。全国的な寺院の本末帳を作り、本山・末寺の制を定める。
元和元（一六一五）	幕府、諸宗諸本山法度を制定。このとき曹洞宗は永平寺と總持寺が同格の大本山になる。この年、大坂夏の陣で豊臣氏滅亡。
元和二（一六一六）	徳川家康、没（一五四二～）。
元和六（一六二〇）	鈴木正三、出家。
寛永五（一六二八）	このころ絵踏がはじまる。
寛永六（一六二九）	関三刹（関東の中心になる大寺）を大僧録（僧尼の登録、僧官の任免などを司る役職）と定める。

寛永九（一六三二）	幕府、諸宗本山の末寺帳（寛永末寺帳）を作成（～一六三三）。これにより本山・末寺の制が完全に整う。
寛永一二（一六三五）	幕府、寺社奉行を設置。この年、外国船の寄港地を長崎と平戸に限定。日本人の海外渡航と帰国を禁じる。
寛永一三（一六三六）	卍山道白、生まれる。
寛永一四（一六三七）	島原の乱、起こる。キリシタン（キリスト教徒）を中心とする農民一揆。これを機に寺請制度はじまる。
寛永一七（一六四〇）	幕府、宗門改役を設置。
寛永一九（一六四二）	鈴木正三、肥後（熊本県）天草に曹洞宗寺院、三十ヵ寺を創建。卍山道白、出家。
承応三（一六五四）	隠元隆琦、来日。黄檗宗を開く。
明暦元（一六五五）	鈴木正三、没（一五七九～）。
寛文五（一六六五）	幕府、諸宗寺院法度を制定。
寛文十一（一六七一）	宗門人別改帳の作成が制度化される。
延宝元（一六七三）	隠元隆琦、没（一五九二～）。
天和三（一六八三）	面山瑞方、生まれる。
貞享二（一六八五）	生類憐れみの令が出される（～一七〇九）。
元禄五（一六九二）	幕府、全国的な寺院本末帳を作成。
元禄一〇（一六九七）	このころ、江戸三十三観音霊場成立。
元禄一一（一六九八）	面山瑞方、出家。

元禄一三	（一七〇〇）	卍山道白、梅峰笠信ら、宗統復古を幕府に訴える。
元禄一六	（一七〇三）	卍山道白、梅峰笠信らの勝訴決定。面山瑞方、卍山道白・損翁宗益らに参見。
宝永二	（一七〇五）	面山瑞方、損翁宗益の法を継ぐ。
正徳五	（一七一五）	卍山道白、没（一六三六〜）。
享保元	（一七一六）	徳川吉宗による享保の改革はじまる（〜一七四五）。
享保七	（一七二二）	幕府、諸宗僧侶法度を制定。
宝暦八	（一七五八）	大愚良寛、生まれる。
明和四	（一七六七）	田沼意次、側用人となる。
明和六	（一七六九）	面山瑞方、没（一六八三〜）。
安永四	（一七七五）	大愚良寛、出家。
安永八	（一七七九）	大愚良寛、大忍国仙の弟子となり、円通寺（岡山県）に入る。
天明二	（一七八二）	天明の飢饉。翌年、浅間山大噴火。
天明七	（一七八七）	松平定信、老中となり寛政の改革を行う（〜一七九三）。この年、大愚良寛、諸国行脚。
寛政七	（一七九五）	玄透即中、古規復古の願書を幕府に提出。
寛政八	（一七九六）	大愚良寛、越後（新潟県）の五合庵に隠棲。
文政八	（一八二五）	異国船打払令（無二念打払令）が出される。
天保二	（一八三一）	大愚良寛、没（一七五八〜）。

天保四　（一八三三）	西国三十三観音霊場などの巡礼が盛んになる。同年より、天保の飢饉（〜一八三九）。
天保一三（一八四二）	縁日、出開帳が盛んになる。
嘉永六　（一八五三）	ペリーが浦賀に来航。翌年、再来日し日米和親条約を結ぶ。
慶応三　（一八六七）	大政奉還。王政復古の大号令。
慶応四　（一八六八）	神仏判然令が出される。同時に廃仏毀釈運動が起こる。同年九月、明治改元。

〈参考文献〉

『大正新脩大蔵経』各巻（大蔵出版）
『大乗仏典』各巻（中公文庫）
『仏書解説大辞典』（小野玄妙他編、大東出版社）
『仏典解題事典』（水野弘元、中村元ほか編集、春秋社）
『仏教通史』（平川彰著、春秋社）
『インド仏教史』上・下（平川彰著、春秋社）
『新・佛教辞典』（中村元監修、誠信書房）
『仏教・インド思想辞典』（早島鏡正監修、春秋社）
『仏教要語の基礎知識』（水野弘元著、春秋社）
『ブッダ最後の旅』（中村元訳、岩波文庫）
『大乗経典を読む』（定方晟著、講談社現代新書）
『お経の基本がわかる小事典』（松濤弘道、ＰＨＰ新書）　ほか

本書は書き下ろしです

よくわかる曹《そう》洞《とう》宗《しゅう》

重要経典《じゅうようきょうてん》付《つ》き

瓜生《うりゅう》 中《なか》

平成28年 7月25日 初版発行
令和7年 5月30日 16版発行

発行者●山下直久

発行●株式会社KADOKAWA
〒102-8177 東京都千代田区富士見2-13-3
電話 0570-002-301（ナビダイヤル）

角川文庫 19887

印刷所●株式会社KADOKAWA
製本所●株式会社KADOKAWA

表紙画●和田三造

●お問い合わせ
https://www.kadokawa.co.jp/（「お問い合わせ」へお進みください）
※内容によっては、お答えできない場合があります。
※サポートは日本国内のみとさせていただきます。
※Japanese text only

ISBN978-4-04-400134-6 C0115

◆◇◇

角川文庫発刊に際して

角川源義

　第二次世界大戦の敗北は、軍事力の敗北であった以上に、私たちの若い文化力の敗退であった。私たちの文化が戦争に対して如何に無力であり、単なるあだ花に過ぎなかったかを、私たちは身を以て体験し痛感した。西洋近代文化の摂取にとって、明治以後八十年の歳月は決して短かすぎたとは言えない。にもかかわらず、近代文化の伝統を確立し、自由な批判と柔軟な良識に富む文化層として自らを形成することに私たちは失敗して来た。そしてこれは、各層への文化の普及滲透を任務とする出版人の責任でもあった。

　一九四五年以来、私たちは再び振出しに戻り、第一歩から踏み出すことを余儀なくされた。これは大きな不幸ではあるが、反面、これまでの混沌・未熟・歪曲の中にあった我が国の文化に秩序と確たる基礎を齎らすためには絶好の機会でもある。角川書店は、このような祖国の文化的危機にあたり、微力をも顧みず再建の礎石たるべき抱負と決意とをもって出発したが、ここに創立以来の念願を果すべく角川文庫を発刊する。これまで刊行されたあらゆる全集叢書文庫類の長所と短所とを検討し、古今東西の不朽の典籍を、良心的編集のもとに、廉価に、そして書架にふさわしい美本として、多くのひとびとに提供しようとする。しかし私たちは徒らに百科全書的な知識のジレッタントを作ることを目的とせず、あくまで祖国の文化に秩序と再建への道を示し、この文庫を角川書店の栄ある事業として、今後永久に継続発展せしめ、学芸と教養との殿堂として大成せんことを期したい。多くの読書子の愛情ある忠言と支持とによって、この希望と抱負とを完遂せしめられんことを願う。

一九四九年五月三日

角川ソフィア文庫ベストセラー

よくわかるお経読本　瓜生 中

般若心経、浄土三部経、光明真言、和讃ほか、各宗派の代表的なお経十九を一冊に収録。ふりがな付きの原文と現代語訳で読みやすく、難解な仏教用語も詳細に解説。葬儀や法要、写経にも役立つ実用的読本！

よくわかる浄土真宗
重要経典付き　瓜生 中

浄土真宗のはじまり、教義や歴史、ゆかりの寺社にはどんなものがあるのか。基礎知識を丁寧に解説、よく勤行される『和讃』『御文章（御文）』ほか有名経典の原文と現代語訳も一挙収載。書き下ろしの入門書！

知っておきたい仏像の見方　瓜生 中

仏像は美術品ではなく、信仰の対象として仏師により造られてきた。それぞれの仏像が生まれた背景、身体の特徴、台座、持ち物の意味、そして仏がもたらす救いとは何か。仏教の世界観が一問一答でよくわかる！

知っておきたい日本の神話　瓜生 中

「アマテラスの岩戸隠れ」「因幡の白兎」「スサノオのオロチ退治」――。日本人なら誰でも知っている神話を、天地創造神話・古代天皇に関する神話・神社創祀などに分類。神話の世界が現代語訳ですっきりわかる。

知っておきたい般若心経　瓜生 中

わずか二六二文字に圧縮された、この経典には何が書かれていて、唱えたり写経するとどんなご利益が得られるのか。知っているようで知らない般若心経を読み解き、一切の苦厄を取り除く悟りの真髄に迫る。

角川ソフィア文庫ベストセラー

仏教の思想 1
知恵と慈悲〈ブッダ〉

増谷文雄
梅原猛

インドに生まれ、中国を経て日本に渡ってきた仏教。多様な思想を蔵する仏教の核心を、源流ブッダに立ち返って解明。知恵と慈悲の思想が持つ現代的意義を、ギリシア哲学とキリスト教思想との対比を通じて探る。

仏教の思想 2
存在の分析〈アビダルマ〉

櫻部建
上山春平

ブッダ出現以来、千年の間にインドで展開された仏教思想。読解の鍵となる思想体系「アビダルマ」とは？ ヴァスバンドゥ（世親）の『アビダルマ・コーシャ』を取り上げ、仏教思想の哲学的側面を捉えなおす。

仏教の思想 3
空の論理〈中観〉

梶山雄一
上山春平

『中論』において「あらゆる存在は空である」と説き、論理全体を究極的に否定して根源に潜む神秘主義を肯定したナーガールジュナ（龍樹）。インド大乗仏教思想の源泉のひとつ、中観派の思想の核心を読み解く。

仏教の思想 4
認識と超越〈唯識〉

服部正明
上山春平

アサンガ（無着）やヴァスバンドゥ（世親）によって体系化の緒につき、日本仏教の出発点ともなった「唯識」。仏教思想のもっとも成熟した姿とされ、ヨーガとも深い関わりをもつ唯識思想の本質を浮き彫りにする。

仏教の思想 5
絶対の真理〈天台〉

田村芳朗
梅原猛

六世紀中国における仏教哲学の頂点、天台教学。法然・道元・日蓮・親鸞など鎌倉仏教の創始者たちは、最澄が開宗した日本天台に発する。豊かな宇宙観を湛える、天台教学の哲理と日本の天台本覚思想を解明する。

角川ソフィア文庫ベストセラー

角川ソフィア文庫ベストセラー

仏教の思想 11
古仏のまねび〈道元〉

高崎直道
梅原猛

日本の仏教史上、稀にみる偉大な思想体系を残した禅僧、道元。その思想が余すところなく展開された正伝仏法の宝蔵『正法眼蔵』を、仏教思想全体の中で解明。大乗仏教思想の集大成者としての道元像を提示する。

仏教の思想 12
永遠のいのち〈日蓮〉

紀野一義
梅原猛

「古代仏教へ帰れ」と価値の復興をとなえた日蓮。永遠のいのちを説く「久遠実成」、宮沢賢治に数多の童話を書かせた「山川草木悉皆成仏」の思想など、日蓮の生命論と自然観が持つ現代的な意義を解き明かす。

無心ということ

鈴木大拙

無心こそ東洋精神文化の軸と捉える鈴木大拙が、仏教生活の体験を通して禅・浄土教・日本や中国の思想へと考察の輪を広げる。禅浄一致の思想を巧みに展開、宗教的考えの本質をあざやかに解き明かしていく。

新版 禅とは何か

鈴木大拙

宗教とは何か。仏教とは何か。そして禅とは何か。自身の経験を通して読者を禅に向き合わせながら、この究極の問いを解きほぐす名著。初心者、修行者を問わず、人々を本格的な禅の世界へと誘う最良の入門書。

日本的霊性 完全版

鈴木大拙

精神の根底には霊性（宗教意識）がある——。念仏や禅の本質を生活と結びつけ、法然、親鸞、そして鎌倉時代の禅宗に、真に日本人らしい宗教的な本質を見出す。日本人がもつべき心の支柱を熱く記した代表作。

角川ソフィア文庫ベストセラー

道元入門
角田泰隆

13歳で出家、24歳で中国に留学。「只管打坐（しかんたざ＝ただひたすら坐禅すること）」に悟りを得て帰国し、正しい仏法を追い求め永平寺を開山。激動の鎌倉時代に禅を実践した日本思想史の巨人に迫る！

ビギナーズ 日本の思想 道元「典座教訓《てんぞきょうくん》」 禅の食事と心
道元
訳・解説／藤井宗哲

食と仏道を同じレベルで語った『典座教訓』を、建長寺をはじめ、長く禅寺の典座（てんぞ／禅寺の食事係）を勤めた訳者自らの体験をもとに読み解く。禅の精神を日常の言葉で語り、禅の核心に迫る名著に肉迫。

夢中問答入門 禅のこころを読む
西村惠信

救いとは。慈悲とは。禅僧・夢窓疎石が足利尊氏の弟・直義の93の問いに答えた禅の最高傑作『夢中問答』。その核心の教えを抽出し、原文と平易な現代語訳で読みとく。臨済禅の学僧による、日常禅への招待。

正法眼蔵入門
頼住光子

固定化された自己を手放せ。そのとき私は悟り、世界が目覚める。それこそが「有時」、生きてある時の経験なのだ。『正法眼蔵』全八七巻の核心を、存在・認識・言語という哲学的視点から鮮やかに読み解く。

自分をみつめる禅問答
南直哉

「死とはなにか」「生きることに意味はあるのか」――。生について、誰もがぶつかる根源的な問いに、「禅問答」のスタイルで回答。不安定で生きづらい時代に、仏教の本質を知り、人間の真理に迫る画期的な書。

角川ソフィア文庫ベストセラー

般若心経講義
高神覚昇

『心経』に込められた仏教根本思想『空』の認識を、その否定面「色即是空」と肯定面「空即是色」の二面から捉え、思想の本質を明らかにする。日本人の精神文化へと誘う、『般若心経』の味わい深い入門書。

真釈 般若心経
宮坂宥洪

『般若心経』とは、心の内面の問題を解いたものではなく、具体的な修行方法が説かれたものだった！　経典成立当時の古代インドの言語、サンスクリット語研究が導き出した新解釈で、経典の真実を明らかにする。

ブッダ伝
生涯と思想
中村　元

煩悩を滅する道をみずから歩み、人々に教え諭したブッダ。出家、悟り、初の説法など生涯の画期となった出来事をたどり、人はいかに生きるべきかを深い慈悲とともに説いたブッダの心を、忠実、平易に伝える。

いきなりはじめる仏教入門
内田　樹
釈　徹宗

仏教について何も知らない哲学者が、いきなり仏教に入門!? 「悟りとは何か」「死は苦しみか」などの根源的なテーマについて、思想と身体性を武器に、自らの常識感覚で挑む！　知的でユニークな仏教入門。

はじめたばかりの浄土真宗
内田　樹
釈　徹宗

「〈知っていて悪いことをする〉のと〈知らないで悪いことをする〉のと、罪深いのはどちらか」。浄土真宗の意義と、仏教のあり方を問い直す、新しい仏教入門書。特別対談「いま、日本の仏教を考える」を収録。